Osez le grand amour !

DU MÊME AUTEUR

Tremblez mais osez !, Poche n° 3669, 2001, éditions Marabout.

Osez briser la glace, Poche n° 3673, 2001, éditions Marabout.

La vie à bras le corps, n° 3690, 2004, éditions Marabout.

Docteur Susan Jeffers

Osez le grand amour !

•MARABOUT•

Publié pour la première fois en Grande-Bretagne en 2005 par Vermilion sous le titre *The Feel the Fear Guide to Lasting Love.*
Vermilion est une marque de Ebury Press, Random House.

Traduction française : Dominique Brotot.

À mon merveilleux mari, Mark Shelmerdine.

Il remplit ma vie de joie
et continue à beaucoup m'apprendre
sur l'amour.

Il est indiscutablement la source d'inspiration de ce livre.

Sommaire

Deuxième partie : L'ESSENCE

Troisième partie : « LIBRES D'ÊTRE... TOI ET MOI »

Remerciements

J'adore écrire des remerciements car ils me font penser à beaucoup de gens merveilleux. Les personnes suivantes, chacune à leur manière, m'ont apporté leur aide lorsque je rédigeais cet ouvrage.

• Judith Kendra, directrice d'édition de Rider Books, Random House, Royaume-Uni, a été à l'origine de l'écriture de ce livre. Je lui suis très reconnaissante du soutien qu'elle m'a toujours manifesté. Merci, Judith, et merci à tous les autres membres de Random House dont les efforts ont permis que cet ouvrage paraisse.

• Tom et SueEllen Strapp de Powerhouse, mes merveilleux webmasters. Ils ont créé www.susanjeffers.com, un site particulièrement réussi.

• Les participants des groupes de femmes et d'hommes. Ils montrent un grand don de soi et leur cœur peut être jugé à l'aune de leur générosité et de leur ouverture.

• Les hommes et les femmes du monde entier qui m'ont submergée de courriers de remerciements et de gratitude. Ils ne réalisent probablement pas le cadeau qu'ils me font quand ils m'écrivent des lettres ou des e-mails magnifiques.

- Tous les formidables amis qui m'entourent. Ils m'apportent énormément et de manière différente. Être encouragée par tant de personnes, qu'elles soient proches ou lointaines, est extraordinaire.
- Ma merveilleuse famille : mon fils, Gerry Gershman, ma fille, Leslie Wandmacher, mon gendre, Michael Wandmacher, ma belle-fille et son mari, Anthony et Alice Shelmerdine, mon beau-fils et son épouse, Guy Shelmerdine et Ashley Jacobs, ma sœur, Marcia Jeffers, et mon beau-frère, Bruce Rabiner. Ma gratitude envers eux ne cesse de grandir. J'ai vraiment beaucoup de chance.
- Et, avant tout, mon mari, Mark Shelmerdine, le plus grand des amants dans tous les sens du terme ! Qu'il partage ma vie est fantastique !

INTRODUCTION
LE VOYAGE COMMENCE

« Une fois qu'elles ont été découvertes,
toutes les vérités sont faciles à comprendre.
Tout l'art consiste à les découvrir. »

Galilée

La plus grande partie de ma vie professionnelle a consisté à apprendre aux gens comment dépasser la peur afin d'avancer dans l'existence. J'éprouve aujourd'hui un immense plaisir à vous montrer comment vous pouvez tous dépasser la peur pour connaître un merveilleux amour... et le faire durer.

Ce livre s'adresse à vous si...

- Vous êtes seul et vous aimeriez savoir pourquoi.
- Vous vivez avec votre conjoint une relation de couple terne et vous cherchez des moyens de rendre vos rapports plus étroits et plus affectueux.
- Vous pensez que vous êtes arrivé au terme d'une histoire d'amour et vous vous demandez s'il est possible de la sauver.
- Vous vivez une histoire d'amour heureuse et vous souhaitez l'améliorer encore.

• Vous conseillez des couples et vous cherchez de nouvelles approches.

Quelle que soit votre situation, mon plus grand désir, en écrivant *Osez le grand amour*, est de vous livrer mes réflexions sur l'amour dans son acception la plus élevée et de vous expliquer comment intégrer l'essence de celui-ci dans vos interactions quotidiennes avec votre partenaire actuel ou à venir.

Nous désirons presque tous vivre une relation de couple saine, et pourtant nous sommes nombreux à ne pas comprendre véritablement la nature du véritable amour. Nous prétendons aimer, mais souvent notre comportement est tout sauf aimant et nous sommes nombreux à faire souffrir nos partenaires au nom de l'amour. Le taux important de divorces et le nombre élevé de personnes qui se demandent pourquoi aimer est si difficile témoignent du manque de compréhension du sens réel du mot *amour*. J'ai aujourd'hui la réputation d'être une experte de l'amour mais je dois avouer que j'ai mis du temps à acquérir ma compétence actuelle. La majeure partie de celle-ci ne repose pas sur mes diplômes universitaires mais sur mon expérience personnelle. Mon premier mariage a duré seize ans et s'est conclu par un divorce. Puis je suis restée célibataire douze ans avant de me marier une deuxième fois.

Avec le recul, toutes ces années, en particulier les douze années qui ont séparé mes mariages, se sont révélées un formidable terrain d'entraînement ! Au cours de cette période, j'ai eu des relations de durées variables avec de nombreux hommes, au grand dépit de ma mère. Celle-ci ne pouvait pas comprendre mon comportement amoureux, mais je sais que c'est grâce à ces relations que, lente-ment mais sûrement, j'ai appris les secrets de l'amour donné et de l'amour reçu. Peu à peu, j'ai élagué tout ce qui ne ressemblait pas à l'amour. Le véritable visage de l'amour a fini par apparaître, m'offrant un spectacle magnifique !

Ces importantes années d'apprentissage me permettent de vivre un second mariage (qui dure depuis dix-neuf ans au moment où j'écris ces lignes) merveilleux. Le jour de ses noces, ma fille Leslie, née de mon premier mariage, est venue nous voir, Marc, mon époux actuel, et moi, pour nous dire : « Merci de m'avoir montré à quoi l'amour ressemble. » Je n'arrive pas à imaginer que l'on puisse rendre plus bel hommage à notre union.

Peut-être pensez-vous que le succès de ce second mariage est simplement dû aux différences entre les deux hommes que j'ai épousés ? Je reconnais qu'ils sont très différents, mais je ne crois pas que ce sont leurs différences qui expliquent l'échec de mon premier mariage et la réussite du second. Mais alors quelle en est la raison ?

> « C'est MOI qui suis totalement différente, dans mon deuxième couple, de la personne que j'étais dans le premier. *Et c'est en changeant que j'ai pu trouver les secrets d'une relation saine.* »

Oui, j'ai réalisé que j'avais besoin d'apprendre à aimer avant de pouvoir établir une relation saine. L'apprentissage a été long, mais j'espère que le fruit de mon expérience vous permettra d'aller beaucoup plus vite que moi ! Voilà ! Vous pouvez maintenant entrer dans le vif du sujet : apprendre à aimer.

Le processus est le suivant : vous devez, en premier lieu, découvrir les habitudes qui sont néfastes à l'amour. Puis vous devez briser ces habitudes destructrices et les remplacer par de bonnes habitudes qui entretiennent l'amour et le rendent florissant. Peu à peu, les premières s'effacent devant les secondes et une image complètement différente (et magnifique!) de l'amour émerge.

Au fil de votre lecture...

• *Vous apprendrez* que la peur est l'une des causes premières de tout problème de couple ou de célibat forcé. En dépassant la peur, il devient beaucoup plus simple de trouver le chemin de l'amour.
• *Vous apprendrez* que la façon dont vous vous comportez habituellement au sein de votre couple finit par vous rendre aveugle. Vous ne voyez plus comment vos propres pensées et votre conduite contribuent à entretenir l'insatisfaction que vous ressentez.
• *Vous apprendrez* que les problèmes font partie de toute relation amoureuse. La vie « n'en fait qu'à sa tête », et partager sa vie avec quelqu'un donne de nombreuses occasions d'apprendre « à construire sur un terrain mouvant ».
• *Vous apprendrez* que tout ce qui advient dans votre relation de couple peut être une source d'enseignement; donc tout est « bon » – même les problèmes. La meilleure école est votre relation de couple ou votre célibat!
• *Vous apprendrez* que, si votre partenaire refuse de chercher à améliorer la relation, vous pouvez le faire seul avec efficacité et bonheur. Au bout du compte, vous travaillez pour vous, pour devenir une personne plus aimante.
• *Vous apprendrez* comment rendre votre relation exceptionnelle en y introduisant des éléments qui entretiennent l'amour et le rendent florissant. Les attentions les plus simples peuvent tout changer.
• *Vous apprendrez* à savoir quand vous devez arrêter une relation et quand vous devez essayer de la sauver.
• *Vous apprendrez* que vous recelez plus de force et d'amour que vous ne l'imaginez. Et quand vous aurez établi le contact avec cette force et cet amour intérieurs, votre relation de couple en recueillera les fruits; si vous

êtes seul, cela vous aidera à attirer une personne magnifique dans votre existence.

Tout au long de ce livre, je décris la manière idéale d'être amoureux. Nous sommes des êtres faillibles et imparfaits et nous nous y prenons parfois mal (malgré tout ce que j'ai appris, je ne parviens pas toujours à être aimante !), mais plus vous introduisez les composants d'un bel amour dans votre vie, plus la joie, la satisfaction, la sérénité et la sollicitude que l'amour véritable peut apporter deviennent palpables.

En maîtrisant les techniques de ce livre, vous remarquerez que vous obtenez un bénéfice supplémentaire. *Tous* vos rapports avec les autres s'amélioreront. Quand vous apprenez à ouvrir votre cœur à l'amour, votre entourage le sent. En outre, plus vous progressez *et plus vous apprenez vite.* C'est une excellente nouvelle ! Les leçons d'amour semblent profiter les unes des autres et leurs résultats se développent de manière exponentielle. Vous vous rallierez de plus en plus vite à la signification et aux gestes de l'amour.

Et maintenant, je voudrais faire quelques suggestions pour que vous tiriez tout le bénéfice de ce livre :

- J'ai inclus de nombreux exercices que j'ai intitulés **Leçons d'amour** qui peuvent aider votre relation à s'épanouir. Je vous suggère de lire d'abord cet ouvrage intégralement et de noter les exercices qui vous attirent. C'est le point de départ pour avancer à la rencontre de l'amour. Ces exercices seront plus ou moins efficaces selon votre nature. Nous sommes tous différents, et nos besoins et nos préférences reflètent ces variations.
- Ne prenez pas les exercices trop à cœur. Rappelez-vous que le voyage que je vous propose se fait pas à pas. Vous n'avez pas à l'effectuer d'une traite – d'ailleurs c'est

impossible ! Mais comme vous venez de l'apprendre, les progrès deviennent de plus en plus rapides, au fil de votre pratique.

• Ce livre aura des lecteurs des deux sexes, mais pour simplifier la lecture, j'ai utilisé systématiquement le masculin. Si votre partenaire est un homme, lisez « il » ; si c'est une femme, lisez « elle ».

• Comme vous le remarquerez, j'utilise les termes « partenaire », « conjoint » et « compagnon » pour désigner la personne que vous aimez sans faire de distinction entre couples mariés ou concubins, hétérosexuels ou homosexuels, récents ou anciens. Tous les principes que je décris s'appliquent à toutes les formes que peut prendre la relation. Il s'agit uniquement d'amour.

• Ne vous laissez pas rebuter par les mots « pouvoir » et « force » que j'utilise tout au long du livre. Je ne parle pas du contrôle exercé sur les autres, mais de la maîtrise de vos propres actions et réactions qui est tout à fait bénéfique. Sans cette maîtrise, vous êtes dirigé par la peur et la dépendance – ce qui est mauvais pour une relation amoureuse ! En revanche, « pouvoir », « force » et « amour » vont absolument ensemble. Il est très difficile d'aimer ou d'être aimé si vous ne vous sentez ni fort ni maître de votre existence.

• Je raconte des épisodes vécus, en puisant notamment dans mon expérience personnelle, et j'évoque leur rapport à l'amour. Ne perdez pas de vue que ces anecdotes servent uniquement à illustrer les principes que je décris. Ce sont ces principes que vous avez besoin de faire vôtres et d'appliquer dans votre vie quotidienne.

• Pour illustrer certains points, je fais référence à certains des livres que j'ai déjà écrits. Je reconnais que j'adorerais que vous lisiez mes autres essais, mais le plus important pour moi est que vous sachiez quels ouvrages consulter pour approfondir la question à l'origine du renvoi.

• Vous n'approuverez peut-être pas tout ce que vous lirez. Ne vous inquiétez pas. Comme je le dis dans chacun de mes livres : « *Prenez ce qui marche pour vous et ne vous souciez pas du reste.* »

J'ai structuré le livre de la manière suivante :

- *La première partie*, **Les bases**, donne une image de la nature du véritable amour. Cette section fournit en outre un outil simple et efficace pour avancer dans la bonne direction et explique comment la peur nous empêche souvent d'aimer et d'être aimés et comment nous pouvons la dépasser.
- *La deuxième partie*, **L'Essence**, détaille les nombreuses parties du « grand motif d'un bel amour ». Vous constaterez qu'une fois que toutes ces parties sont assemblées, la simplicité et la splendeur de l'amour se déploient devant vos yeux... et dans votre cœur.
- *La troisième partie*, **« Libres d'être toi et moi »**, fournit des informations nombreuses et précieuses sur la manière dont les mouvements féministes, et leurs contrepoints masculins, affectent nos relations de couple aujourd'hui. Comprendre ces bouleversements de l'histoire récente et s'y adapter vous épargnera beaucoup de désagréments.
- *La conclusion*, **« Devine ce que j'ai fini par trouver ! »**, remet sous un jour contemporain et sain une attente ancienne, qui, bien qu'elle semble passée de mode, reste tapie au fond de nos cœurs.
- Enfin, *l'addenda*, **Y regarder à deux fois**, vous aide à déterminer si vous devez mettre fin à une relation ou si vous devez l'examiner de près pour tenter de la sauver.

Je vous suggère de considérer la première lecture de ce livre comme le début d'un merveilleux voyage. Même si vous vivez une superbe histoire d'amour, vous avez toujours des choses à apprendre. Ces pages contiennent de nombreuses informations. Vous aurez envie de les relire et de les relire encore. Et quand vous en aurez tiré le maximum, je vous conseille de vous y référer souvent.

Vous avez été nombreux à me dire que vous gardez *Tremblez mais osez!* sur votre table de nuit pour le consulter fréquemment!

N'oubliez jamais que, quel que soit l'état de votre relation de couple à l'heure actuelle, celle-ci vous offre une incroyable occasion d'apprendre et de progresser. Elle mérite sans conteste tous les efforts que vous y consacrez. En effet :

> **Une relation aimante est une expérience sublime ; elle apporte une grande joie et rend la vie plus douce et plus facile. Vous jouissez de votre capacité à donner à l'autre et vous vous enrichissez de l'amour que ce dernier vous donne. Partager sa vie avec un être aimé est la plus belle expérience sur Terre.**

Oui, voilà pourquoi votre relation amoureuse mérite que vous lui consacriez tous vos efforts.

PARTIE 1

LES BASES

CHAPITRE 1
À QUOI RESSEMBLE L'AMOUR *VÉRITABLE* ?

« Imaginez combien il nous serait plus facile d'apprendre à aimer si nous partions d'une définition commune. »

Bell Hook[1]

L'amour et ses mystères ; en commençant ce livre, j'ai réalisé que j'étais animée d'un grand courage puisque je voulais tenter d'expliquer quelque chose que l'on essaie d'expliquer depuis des milliers d'années. J'ai toutefois décidé de trembler mais oser ! En ce début de deuxième millénaire, hommes et femmes semblent éprouver des difficultés à avoir une vision claire de l'amour et à définir sa nature. Même si vous ne faites pas partie de ces gens hésitants parce que vous avez la chance de vivre une superbe relation de couple, vous avez probablement beaucoup à apprendre.

L'une des raisons pour laquelle l'amour véritable est si difficile à comprendre est la suivante : la société occidentale colporte de nombreuses images trompeuses et des idées fausses sur l'amour. Permettez-moi de vous rappeler l'histoire de *Roméo et Juliette*, qui nous est présentée comme la plus belle histoire d'amour de tous les temps. N'en déplaise aux romantiques, je dirais plutôt que c'est l'histoire de deux adolescents de 14 ans dysfonctionnels prêts à se suicider plutôt que d'obéir à leurs parents. Je n'arrive pas à comprendre comment cette intrigue est devenue le modèle de « la plus belle histoire d'amour ».

Les contes de fées ont également leur responsabilité dans l'image que nous nous faisons de l'amour. Quand on les examine de près, on constate qu'ils omettent des vérités essentielles à propos de l'amour. Si vous avez des enfants, vous leur avez sûrement lu *Cendrillon, La Belle et la Bête, Blanche-Neige,* etc., comme vos parents vous les avaient jadis lus quand vous étiez enfant. Hum ! Réfléchissez aux intrigues ; de nombreux contes de fées mettent en scène un héros et une héroïne qui tombent follement amoureux l'un de l'autre pour vivre heureux à jamais et avoir beaucoup d'enfants. Mais vous êtes-vous déjà demandé s'ils vivaient heureux ensuite ? Peut-être que oui ; peut-être que non.

Les jeunes gens qui ont été bercés par ces contes ont parfois du mal à se détacher de cette vision de l'amour idéal pour vivre un amour réel. Et leurs illusions sont soutenues par les adultes, pourtant plus avertis des réalités de la vie. Par exemple, une charmante œuvre de bienfaisance américaine appelée Becca's Closet[2] a récemment fait l'actualité. Elle fournit, entre autres services, des robes de soirée aux jeunes filles qui n'ont pas les moyens de s'offrir la robe de leurs rêves pour participer au grand bal de leur école avec leurs camarades de classe. En entendant l'une des bénéficiaires paradant dans sa splendide robe de bal s'exclamer : « Je me sens exactement comme Cendrillon », je me suis dit que certaines choses ne changeraient jamais !

L'une de mes comédies musicales favorites s'intitule *Into the Woods*. Cendrillon en est l'un des personnages principaux. Conformément au conte de fées original, elle finit par épouser le Prince. Mais le spectacle ose nous entraîner dans le futur, où nous apprenons que, hélas ! le couple se sépare parce que le Prince est un coureur de jupons. Quel choc ! Où les promesses d'amour éternel sont-elles donc passées ? Visiblement, l'enchantement qui avait réuni Cendrillon et le Prince a fait long feu. Mais tout n'est pas perdu, car Cendrillon apprend une très bonne leçon. Elle devra regarder l'amour avec plus de lucidité la prochaine fois. Je trouve que nous tenons là une nouvelle version d'une fin heureuse, plus conforme à la réalité.

Enfin, nous sommes bercés depuis l'enfance par des histoires de « coup de foudre » que les gens se plaisent à rapporter. Envisageons la question sous un angle purement logique : *comment peut-on aimer une personne que l'on ne connaît même pas ?* Cet « inconnu dans la foule » qui nous fait tourner la tête pourrait très bien être un individu à éviter à tout prix. N'oublions pas non plus le sens littéral de *tomber amoureux*. Est-ce que nous ne nous rendons pas compte qu'en tombant, nous risquons de nous faire mal ? Comme le docteur Phillip McGraw relève avec humour :

> « Pour décrire le début d'une nouvelle histoire de cœur, nous parlons de “tomber ” amoureux ». Or, littéralement, tomber signifie “être entraîné vers un lieu plus bas, généralement par perte d'équilibre ”. Hum ! Nous utilisons aussi le mot “tomber ” quand nous nous sommes fait rouler ; nous disons alors : “Comment ai-je pu être assez bête pour tomber dans ce panneau ! ” »[4]

Oui, semble-t-il, nous sommes assez bêtes pour tomber dans le panneau – mais c'est peut-être parce que le coup de foudre est tellement agréable – *tant qu'il dure.* Permettez-moi d'évoquer un souvenir personnel. Je marchais dans une rue de New York, l'air était délicieusement printanier, j'étais célibataire depuis l'échec de mon premier mariage, et je me sentais particulièrement libre et heureuse. Soudain, je remarquai un homme extrêmement beau qui venait dans ma direction. Nos regards se sont rencontrés et... wouah ! mes pulsions passionnelles ont pris le dessus. Nous sommes restés les yeux dans les yeux jusqu'au moment où nous nous sommes croisés. J'ai souri, pris une profonde inspiration et me suis dit : « Mais c'était QUOI, ça ? » Après avoir fait quelques pas, j'ai senti qu'on me tapait sur l'épaule. Je me suis retournée. Et il était là devant moi. À cet instant précis, nous « sommes tombés amoureux ». Et c'est ainsi qu'a commencé l'un des semestres les plus fous et les plus passionnés de ma vie.

Mais, hélas ! avec le temps, ce qui avait créé cette attirance folle et passionnée s'est estompé. Le sortilège s'est rompu. Et comme toujours quand la magie s'évanouit, la réalité a repris ses droits. Nous sommes redevenus des êtres humains avec nos faiblesses et nos défauts, et comme nous ne savions ni l'un ni l'autre comment construire un véritable amour, les reproches, les disputes et un sentiment de contrariété mutuel ont progressivement entamé l'amour que nous nous portions. La situation a empiré jusqu'au moment où j'ai réalisé que je ne voulais plus voir l'homme dont j'avais pourtant été passionnément amoureuse. Je me souviens de mon soulagement quand je lui ai demandé de quitter mon appartement et de ne plus jamais m'appeler. Quand la porte s'est refermée, j'ai de nouveau souri, j'ai pris une profonde inspiration et je me suis dit : « Mais c'était QUOI, ça ? » Et effectivement, c'était une très bonne question.

Maintenant que j'ai un peu plus d'expérience, je donne à ce type de sentiment qui s'empare de deux personnes qui ne se connaissent pas à la vitesse de l'éclair le nom d'« amour enchanté ». En effet, on peut définir l'enchantement comme un sortilège qui s'empare de vous. Et c'est exactement ce qui semble se produire quand nous avons un coup de foudre. C'est excitant, passionné et délicieux... MAIS ce n'est pas le véritable amour. Je n'ai pas la moindre idée de la raison pour laquelle l'amour enchanté survient. C'est incroyablement irrationnel. Et plus déroutant encore : un grand nombre d'hommes et de femmes qui sont pris par ce sortilège ne sont à l'évidence *pas* de bons candidats à une relation à long terme.

Selon certaines sources, le sortilège sous lequel nous tombons quand l'amour enchanté se déclare serait causé par un peptide sécrété par le corps, appelé PEA (phénoéthalymine). Je conviens que nous sommes loin du romantisme d'une rencontre amoureuse. D'autres spécialistes attribuent cette attirance irrésistible pour un inconnu à une autre sécrétion de l'organisme : un neurotransmetteur baptisé « dopamine ». Ces deux « philtres d'amour » provoquent d'étonnantes sensations : elles déclenchent passion, énergie, joie et autres gâteries. Hum ! Peut-être la théorie du philtre d'amour est-elle vraie ? Peut-être pas. Même si elle est vraie, je ne comprends pas pourquoi notre corps se met à sécréter ces cocktails explosifs au moment où l'on regarde dans les yeux un parfait étranger. Il ne fait aucun doute que d'autres recherches s'imposent !

Il a également été prouvé que ces philtres d'amour disparaissent *toujours,* généralement dans les six à vingt-quatre mois suivant leur apparition. Personnellement, je m'en réjouis. L'amour enchanté est une forme destructrice d'amour, sa frénésie sème la pagaille dans tous les domaines de nos vies. Nous nous désintéressons de nos amis, de notre emploi, de nos projets, de nos croyances, et de tout ce qui contribue à la richesse de nos vies. Ce genre de situation éveille-t-il un écho familier ?

George Bernard Shaw a dit avec humour : « Je ne vois pas qui pourrait vouloir qu'une émotion aussi débilitante dure à jamais. »

Je partage ce point de vue. Je dis souvent en plaisantant qu'au moment où vous apercevez cet inconnu radieux au milieu de la foule, le mieux est de tourner les talons et de prendre vos jambes à votre cou. Rassurons les vrais romantiques : il est tout à fait possible de transformer un amour enchanté en véritable amour. J'ai vu ce phénomène se produire de nombreuses fois. Commencez par laisser le sortilège s'estomper. Quand la réalité reprend ses droits, vous retrouvez un regard plus lucide et la capacité de décider si vous désirez continuer la relation ou si vous choisissez d'y mettre un terme. Si vous décidez de continuer, vous pouvez commencer le voyage vers l'amour véritable. Si vous suivez ce processus, l'amour enchanté a des chances de se métamorphoser en amour véritable. Mais, pour des raisons évidentes, je vous déconseille de vous marier quand vous êtes sous le sortilège de l'amour enchanté. Votre union risque fort de se désagréger quand l'enchantement s'évanouit.

Je signale également que l'amour véritable ne doit pas automatiquement commencer par une période d'enchantement. En fait, deux personnes qui n'éprouvaient pas particulièrement d'attirance l'une pour l'autre lors de leur première rencontre peuvent développer un amour merveilleux.

J'ai ainsi entendu beaucoup de personnes formant un couple heureux raconter qu'au début, leur conjoint « n'était pas leur type ». Et je dois dire que j'ai vécu la même chose quand j'ai rencontré Mark, mon second mari. Il n'était pas du tout mon type et, comme il aime à le dire en plaisantant, je ne voulais même pas l'inviter à prendre une tasse de café chez moi. Mais, petit à petit, j'ai vu que c'était un homme merveilleux et notre voyage vers l'amour véritable a commencé.

Mais qu'est-ce que l'amour véritable ? Robert Johnson en a donné l'une de mes images préférées. Dans son livre *We*, il parle de l'« amour remuer-le-porridge ». Il dit :

> « Remuer le porridge signifie "trouver des choses simples et banales précieuses et même belles et ne pas exiger éternellement une intensité extraordinaire en tout ". Comme la glume de riz des moines zen, le rouet de Gandhi, la fabrication de tente de saint Paul, c'est la découverte du sacré au sein de l'humble et de l'ordinaire. »[5]

Quand j'ai lu cette phrase magnifique : « *le sacré au sein de l'humble et de l'ordinaire* », j'ai été envahie par une profonde impression de « familiarité ». Après de nombreuses années de mariage, Mark et moi vivons ensemble des moments du type « remuer-le-porridge ». Lorsque nous nous asseyons pour dîner à la lumière des bougies et que nous trinquons en disant : « Je t'aime et je te remercie », nous créons un petit coin de paradis sur Terre. Comment en sommes-nous arrivés tous les deux à éprouver tant de joie à simplement partager un repas, à regarder la télévision, à partir en promenade, à apprécier notre quartier et à faire toutes ces choses banales ? Je dois dire qu'il nous a fallu du temps et de la persévérance. Nous n'avons pas atteint ce stade du jour au lendemain ; des années d'apprentissage ont été nécessaires.

Il m'arrive d'entendre des gens déclarer que l'amour ne devrait pas demander d'efforts ; ils pensent que, si on doit travailler pour que la relation marche, ce n'est pas vraiment l'amour. Je ne suis pas d'accord. Il faut admettre la réalité, nous sommes tous des êtres humains et nous sommes très souvent dirigés par la partie la plus faible et la plus anxieuse de notre être : notre *moi* inférieur. Le but, dans une relation sentimentale, est d'apprendre à nous élever jusqu'à la partie la plus forte et la plus aimante de notre être : notre *moi* supérieur. Cela demande du temps, de la concentration et de l'ouverture d'esprit ; et, surtout, cela demande de comprendre la véritable nature de l'amour. Sans cette compréhension, il est rare qu'un couple tienne.

De nombreux parcours à deux débutent par l'engagement de s'aimer à jamais. Mais quand l'étape appelée « lune de miel » s'achève et que la réalité reprend ses droits, un nombre important d'histoires d'amour ne survit pas. L'histoire de Bob, qui s'est marié très jeune, est typique de cet enchaînement. Six semaines à peine après ses noces, lors d'un dîner avec des amis, l'un des convives lui conseilla en plaisantant de profiter de sa vie à deux tant qu'il était temps car de nombreux mariages se terminaient par un divorce. Il se souvient d'avoir répondu : « Cela ne nous arrivera jamais. » Et il croyait vraiment que son union ne connaîtrait pas de fin. Mais son mariage s'est terminé cinq ans plus tard. Que s'est-il passé ? De petits différends ont troublé progressivement l'harmonie qui régnait entre sa femme et lui ; chacun s'est peu à peu éloigné de l'autre, sans jamais apprendre comment se retrouver. En effet, Bob et sa femme ne savaient pas la chose suivante :

> **S'engager ne veut pas dire « cesser d'apprendre à aimer ». C'est tout le contraire : c'est au moment où vous vous engagez que vous devez commencer à apprendre à aimer...**

Relisez cette dernière phrase... et relisez-la encore !

À mes yeux, une relation amoureuse a deux principaux buts : un but pratique et un but supérieur.

- *Le but pratique* est simplement d'avoir quelqu'un avec qui partager sa vie. Suivre la route à deux peut être une expérience sincèrement heureuse. Avoir un partenaire aimant à ses côtés dans les bons moments comme dans les mauvais est une sensation merveilleuse ! Mais parfois, des problèmes liés à l'argent, au sexe, aux enfants, au travail, etc. rendent très difficile le cheminement à deux. *C'est pour cette raison que vous avez besoin d'un but supérieur.*
- *Le but supérieur* d'une relation de couple est d'apprendre à devenir une personne plus aimante – en dépit de toutes les difficultés qui se présentent. Il consiste à *utiliser* toutes ces difficultés comme un véhicule permettant de voir les points sur lesquels vous devez travailler pour conserver l'amour dans votre cœur. C'est aussi prêter attention à tout ce qui est bon dans la relation. Nous sommes trop nombreux à ne plus le remarquer au fil du temps.

Le but pratique est évident, contrairement au but supérieur. Or, *si vous ne connaissez pas, si vous ne comprenez pas et si vous ne gardez pas toujours à l'esprit le but supérieur*, votre couple est en danger. Trop souvent, en oubliant le but supérieur, nous nous mettons à rêver de l'euphorie qui baignait la période initiale, et la spirale descendante commence. Au lieu de prendre conscience que les difficultés que nous rencontrons peuvent nous aider à apprendre et à progresser, nous blâmons l'autre. Critiques, sarcasmes, remarques humiliantes et autres réactions destructrices se multiplient. Nous cédons à l'agacement, à la désillusion et à la déception. La colère et le ressentiment grandissent. Nous sommes pris dans le piège de ce que j'appelle « l'amour égoïste » et nous commençons à nous demander ce que nous faisons avec l'autre. La fin de la belle histoire d'amour s'annonce pour la plupart d'entre nous.

Cependant, si vous restez fixé sur le but supérieur de la relation – *devenir une personne plus aimante* –, l'issue risque fort d'être très différente. Vous apprenez, vous progressez, la créativité s'épanouit, vous assumez vos responsabilités, vous vous sentez fort, et l'amour pour votre partenaire ne cesse de croître. Il est évident que c'est grâce au but supérieur que vous finissez par connaître l'exquise beauté de l'amour véritable. J'ai inclus à la fin de chaque chapitre des leçons d'amour qui doivent vous permettre de rester fixé sur le but supérieur. Si vous les pratiquez, vous constaterez rapidement une spectaculaire amélioration de la qualité de votre vie de couple.

L'amour égoïste est un produit du *moi* inférieur, qui est centré sur l'ego et génère – plus ou moins subtilement – le besoin de contrôler et de recevoir plutôt que de donner. Comme le développe ce livre, l'amour véritable est un produit du *moi* supérieur, qui est centré sur le cœur et crée la splendide sensation de faire équipe, de donner et de progresser dans l'amour.

C'est un formidable cadeau que nous nous offrons et que nous offrons à notre compagne ou à notre compagnon. Et comme nous sommes tous humains, nous ne nous y prenons pas toujours bien. Nos existences évoluent et nous devons faire des ajustements en fonction de ces évolutions. Mais si nous ne nous écartons pas du but supérieur – *devenir une personne plus aimante* –, la joie, la satisfaction, la sérénité et la générosité qu'apporte l'amour véritable apparaissent dans notre vie.

Il est essentiel de connaître et de garder à l'esprit les principaux ingrédients qui composent l'amour véritable, car celui-ci aura peu de chances de devenir une réalité si vous n'intégrez pas pleinement ces derniers à votre relation de couple. Voici une liste des ingrédients qui sont, à mon sens, les plus importants.

1. Valorisation
L'amour véritable ne peut exister dans un environnement de jugements négatifs et de remarques humiliantes.

2. Responsabilité
L'amour véritable ne peut exister quand nous rendons notre conjoint responsable de notre insatisfaction.

3. Gratitude
L'amour véritable ne peut exister en l'absence de remerciements.

4. Respect basé sur l'humanité de l'autre
L'amour véritable ne peut exister si vous avez des attentes de contes de fées.

5. Engagement
L'amour véritable ne peut exister entre deux portes.

6. Intégrité
L'amour véritable ne peut exister sans respect du bien-être – physique et affectif – de l'autre.

7. Confort
L'amour véritable ne peut exister quand la tension imprègne la relation.

8. Un cœur ouvert
L'amour véritable ne peut exister si vous fermez la porte à la beauté qui se trouve au fond de votre être… et du sien.

9. Du temps ensemble
L'amour véritable a besoin de moments sacrés où les deux amants peuvent se consacrer à goûter leur beauté mutuelle.

10. Communication
L'amour véritable a besoin qu'une connexion se noue depuis un lieu de partage, de générosité et d'apprentissage.

11. Gentillesse
L'amour véritable ne peut exister si nous sommes indifférents à la souffrance que nous causons à notre partenaire.

12. Célébration
L'amour véritable ne peut exister quand nous prenons pour acquis le bienfait de notre union.

Les composants que je viens d'énumérer sont indispensables pour vivre un amour sain et épanouissant. Pourtant, rares sont ceux qui connaissent leur importance et qui veillent à les intégrer à leur vie de couple. La plupart de ceux qui prétendent s'aimer ne savent pas que leur amour ne peut pas durer si ces ingrédients ne sont pas intégrés à leur relation.

Mon but est de vous ouvrir les yeux afin que vous compreniez pourquoi vous êtes en train de rater le « bateau de l'amour » si vous ne vous efforcez pas d'inclure ces magnifiques composants de l'amour véritable dans votre relation de couple. Ayant moi-même raté l'embarquement un certain nombre de fois, je sais de quoi je parle. Heureusement, j'ai fini par monter à bord.

Vous avez maintenant une idée de ce que veut dire « l'amour véritable ». Au fil de votre lecture, vous comprendrez de plus en plus clairement de quoi il s'agit.

Permettez-moi de me répéter : je crois que nous sommes nombreux, en nous engageant dans une relation sentimentale, à ne pas vraiment savoir aimer. C'est quand le sentiment de félicité initial qui baigne les débuts d'une rencontre amoureuse disparaît que l'apprentissage commence. En nous exerçant à rester fixés sur le but supérieur – *devenir une personne plus aimante* –, nous réussissons à dépasser nos habitudes négatives et nous devenons des êtres humains forts et chaleureux. De cette manière, pas à pas, jour après jour, notre amour peut grandir... et grandir... et grandir.

Leçon d'amour

1. Gravez le but supérieur dans votre esprit

Ne l'oubliez jamais :

> **« Le but le plus important de ma relation amoureuse est de m'apprendre à devenir une personne plus aimante. »**

Répétez cette phrase sans cesse de manière à ce qu'en cas de problème, elle vous conduise à des solutions aimantes plutôt qu'à des sentiments teintés d'hostilité. En plaçant votre but supérieur au cœur de toutes vos interactions, vous augmenterez grandement la probabilité que votre relation devienne florissante !

CHAPITRE 2
COMMENT LA PEUR DÉTRUIT SUBTILEMENT L'AMOUR

« On surmonte la faiblesse en la laissant derrière soi. Cela signifie que l'on doit prendre conscience de ses tendances intérieures dévalorisantes, néfastes à la confiance en soi et à l'amour de soi, et dire : "Je ne veux plus être ainsi." On quitte alors le laisser-aller de l'inconscient collectif pour entrer dans une discipline de pouvoir. »

Stuart Wilde [1]

Il ne fait aucun doute que, pour aimer librement et dans la joie, nous avons besoin de dépasser notre peur d'aimer. Peut-être êtes-vous en train de penser : « Susan, quel rapport y a-t-il entre la peur et l'amour ? » Selon moi, la peur est la cause des problèmes qui empoisonnent progressivement une relation de couple.

Réfléchissez aux idées suivantes :

• **La peur** fait se protéger.
• **L'amour** impose de devenir « vulnérable sans risque », en sachant que l'on est capable de faire face à tout ce qui surviendra.

• **La peur** fait se cramponner par désespoir.
• **L'amour**, c'est se détendre et laisser l'amour circuler.

• **La peur** ferme les cœurs.
• **L'amour** est ouverture des cœurs.

• **La peur** conduit à se faire toujours passer en premier.
• **L'amour**, c'est savoir quand et comment faire passer d'abord l'être aimé.

• **La peur** génère la critique.
• **L'amour** génère la compassion.

• **La peur** génère le reproche.
• **L'amour** impose d'assumer la responsabilité de ses pensées et de ses actes et de changer ce qui ne convient pas.

• **La peur** nourrit la colère, la discorde et la froideur entre les sexes.
• **L'amour** crée un sentiment d'harmonie, de chaleur et d'affection.

Laissez-moi faire l'addition :

• La peur nous conduit à nous protéger, à nous cramponner, à fermer nos cœurs, à privilégier nos besoins aux dépens de nos partenaires, à critiquer ces derniers et à leur reprocher notre insatisfaction, et à diriger une colère sans fondement contre tous les membres du sexe opposé – nos conjoints en premier lieu. Ce n'est vraiment pas un joli tableau !
• L'amour, en revanche, est issu d'un sentiment de force intérieure qui nous autorise à nous détendre pour laisser l'affection circuler, à ouvrir nos cœurs, à privilégier l'être aimé en en tirant les bénéfices, à comprendre son humanité et à en éprouver de la compassion, à assumer la res-

ponsabilité de nos réactions à toutes choses, et à entretenir harmonie et amour avec tous les membres du sexe opposé – nos conjoints en premier lieu. Voilà un beau spectacle !

Vous ai-je convaincu ? Heureusement, vous le voyez, quand nous apprenons à dépasser nos peurs, quelles qu'elles soient, le miracle de l'amour se révèle à nous dans toute sa splendeur.

La raison pour laquelle nous prenons rarement conscience que la peur se met en travers de l'amour vient de son étonnante capacité à se dissimuler derrière d'autres émotions comme la colère, le reproche, la critique, etc.

Laissez-moi vous donner un exemple : Tom, âgé d'une quarantaine d'années, était agacé par sa femme, il se montrait renfermé et refusait de communiquer avec elle. La situation devint si mauvaise que cette dernière finit par le persuader de consulter un conseiller conjugal. Lors des séances, il se plaignit qu'elle exerçait trop de contrôle et lui reprochait son désir de passer du temps avec lui. Il redoutait de se faire dévorer. Il avait besoin d'espace vital, etc., etc. Avec l'aide du conseiller conjugal, il réussit à aller au fond de son angoisse. En fait, *il était terrifié à l'idée d'ouvrir totalement son cœur à sa compagne, car il craignait qu'elle ne le quitte – ce qui l'anéantirait.* Cette grande découverte le prit totalement au dépourvu. Sa peur d'être abandonné le poussait à tout faire pour garder ses distances avec sa femme. Au niveau inconscient, l'intimité recelait un trop grand risque.

Maintenant qu'il avait pris conscience de ce qui se cachait derrière son incapacité à établir une relation intime avec sa femme, il savait que la première étape était de prendre confiance en lui. De cette manière, il deviendrait « vulnérable sans risque » car il se sentirait assez fort pour dépasser la douleur qui pourrait survenir si sa femme le quittait. J'ajouterai que le conseiller conjugal fit preuve d'une grande sagesse en allant au cœur de l'angoisse de Tom.

Vous voyez à quel point une peur inconsciente peut se révéler destructrice et à quel point elle devient porteuse d'enseignements quand nous la connaissons. Nos raisons d'avoir peur sont nombreuses. Mais permettez-moi maintenant d'emballer toutes ces peurs dans une grande peur qui les explique toutes. Si vous avez lu *Tremblez mais osez!*, vous savez déjà de quoi je veux parler.

> **À l'origine de vos angoisses, quelles qu'elles soient, se trouve la peur de ne pas savoir comment affronter l'événement qui se présentera... Si vous étiez certain de pouvoir affronter n'importe quelle situation, de quoi diable pourriez-vous bien avoir peur ? DE RIEN, bien sûr !** [2]

Relisez ce paragraphe, et relisez-le, et relisez-le encore. Le comprendre détermine la route que vous avez à suivre pour réduire votre peur de l'amour. Vous devez passer de la partie la plus faible de votre être, le *moi* inférieur, à la plus forte, le *moi* supérieur.

Question basée sur la peur	Réponse du moi supérieur
Et s'il/elle me quitte ?	Quoi qu'il arrive, je ferai face !
Et s'il/elle a une liaison ?	Quoi qu'il arrive, je ferai face !
Et si je perds mon identité ?	Quoi qu'il arrive, je ferai face !
Et si je perds ma liberté ?	Quoi qu'il arrive, je ferai face !
Et si je demande ce dont j'ai besoin et ne le reçois pas ?	Quoi qu'il arrive, je ferai face !

Vous voyez maintenant à quel point il est important d'acquérir – puis d'utiliser – les outils qui forgent cette confiance vitale en soi-même, de manière à pouvoir simplement se dire : « Quoi qu'il arrive, je ferai face ! » quand se présentent les « Et si... ? ».

J'ai décrit des outils de gestion de la peur par le moi supérieur dans presque tous mes livres, notamment dans *Tremblez mais osez !*, *Feel the Fear... and Beyond* et *La Vie à bras-le-corps*. Et, bien entendu, je vais vous en fournir, sous forme de « leçons d'amour », tout au long de cet ouvrage.

Vous n'avez donc pas d'excuse : les instruments sont disponibles. Votre tâche, maintenant, consiste en premier lieu à *reconnaître* que la peur se cache d'une manière ou d'une autre derrière tout problème éventuel dans votre relation de couple, puis à utiliser vos outils favoris pour accéder à un lieu de pouvoir et d'amour – votre *moi* supérieur – où vous savez que vous pouvez faire face. Tout repose sur la répétition. Pratiquer. Pratiquer. Pratiquer. Si la pratique ne rend pas parfait, elle fait énormément progresser ! Mon expérience de l'amour m'a appris que plus j'étais capable de penser en mode « *moi* supérieur », plus la joie régnait dans mon couple.

Commencez donc à remplir votre caisse d'outils vous donnant accès, sans restriction, au pouvoir et à l'amour en vous. Oui, « la vie n'est pas un long fleuve tranquille » et de nouvelles peurs surgissent, mais, vos outils à la main, vous savez que la paix règne sur l'autre rive, de l'autre côté de la douleur. Quand vous vous découvrirez capable de faire face à tout ce qui se produit dans votre relation de couple, vous comprendrez pleinement le sens de l'expression « être vulnérable sans risque ». C'est une sensation merveilleuse car elle vous permet de vous détendre dans le confort et la beauté d'une relation aimante. David Richo a écrit ces mots émouvants spécifiquement à l'intention des hommes :

> «On nous a appris, à nous les hommes, à nous concentrer sur le courage et la force. Mais la peur qui entrave notre force a moins de conséquence que la peur qui entrave l'amour, car un homme ne peut pas posséder de force plus précieuse que l'amour. Puissions-nous accorder une importance suprême au fait de devenir aimants ! »[4]

Je suggère aux femmes d'adapter le message de cette citation pour le faire leur. Nous avons tous besoin – femmes et hommes sans distinction – de dépasser la peur qui se met en travers de l'amour. Nous avons tous besoin d'« *accorder une importance suprême au fait de devenir aimants* ». C'est notre but supérieur en action et notre garantie d'une belle vie – et d'un bel amour.

Leçons d'amour

1. Donnez la parole au meilleur de vous-même

Comme vous êtes nombreux à le savoir déjà, j'adore les affirmations. Ces puissantes déclarations positives ont le pouvoir d'apaiser la négativité du moi inférieur et permettent d'accéder au pouvoir du moi supérieur. Il suffit de les répéter suffisamment souvent pour commencer vraiment à y croire. Croyez-moi, j'ai beaucoup étudié la question. L'affirmation suivante, liée au dépassement de la peur d'aimer et d'être aimé, offre une parfaite mise en route :

« Je suis fort et aimant et je n'ai rien à craindre »

Répétez-la au moins dix fois, trois fois par jour : le matin, à midi et le soir – et tout spécialement avant d'aller vous coucher. Avec le temps, ces mots libérateurs se mettront à tourner dans votre tête chaque fois que la négativité menacera votre sérénité. Ne vous inquiétez pas si vous ne croyez pas être fort, aimant et sans crainte. Une affirmation permet de faire-comme-si. Croyez-moi quand je vous dis que, si vous faites-comme-si suffisamment longtemps, vous commencerez à vous apercevoir que vous êtes vraiment fort, aimant et sans crainte.

2. Apprenez le pouvoir de dire Oui ! à l'Univers

Dire Oui !, un autre de mes outils favoris, produit des merveilles dans le domaine de l'amour. L'affirmation simple suivante traduit cette attitude : « Quels que soient les événements qui se produisent dans mon couple, j'en tirerai un enseignement et je progresserai ».

> **« Quels que soient les événements qui se produisent dans mon couple, j'en tirerai un enseignement et je progresserai »**

Cette affirmation veut dire Oui ! dans sa signification la plus élevée. Concrètement, il s'agit d'essayer de trouver comment transformer une difficulté en acquis plutôt que de rester fixé sur l'aspect négatif de l'événement. Les problèmes peuvent nous apprendre beaucoup et apprendre rend plus aimant. Magnifique ! Dire Oui ! recèle un immense pouvoir.

Je vous suggère de mettre noir sur blanc toutes les craintes qui concernent votre relation amoureuse – ou votre absence de relation. Ajoutez à chacune de ces peurs cette puissante déclaration :

> Je peux dire Oui ! à ceci. Quoi qu'il arrive, je m'en servirai pour enrichir ma vie d'une manière ou d'une autre. J'en tirerai un enseignement ; j'en tirerai de la maturité. D'une manière ou d'une autre, je trouverai un moyen de m'en servir pour devenir une personne plus aimante et plus forte. »

Dire Oui !, c'est construire votre confiance dans votre capacité à tirer parti de tout ce que la vie vous apporte. Et si vous prenez confiance en vous, votre relation de couple va devenir plus aimante que vous ne l'auriez jamais imaginé.

Chapitre 3
Il en suffit d'un

« Nous devons devenir le changement que nous voulons voir dans le monde. »

Mahatma Gandhi

Vous commencez maintenant à percevoir que vous êtes fort, aimant et que vous n'avez rien à craindre ; aussi vous invité-je à utiliser votre force et votre amour d'une manière créatrice et excitante. Je vous propose de travailler tout seul à améliorer votre relation amoureuse (ou à en commencer une).

J'entends d'ici vos objections. Peut-être êtes-vous en colère parce que vous pensez que votre partenaire refuse de faire sa part de travail pour améliorer vos rapports ? J'ai souvent entendu des gens répéter : « J'en ai assez d'être seul à faire des efforts ! » Si vous êtes dans cette situation, puis-je vous faire remarquer que *les efforts que vous faites tout seul ne marchent manifestement pas ?* Vous devez changer d'approche. Vous avez besoin d'ouvrir votre cœur et votre esprit pour apprendre un mode d'échange différent avec votre partenaire. Cette nouvelle démarche vous permettra peut-être de sauver votre union ou en tout cas de devenir une personne plus heureuse.

Je reconnais que c'est merveilleux quand les deux membres d'un couple s'attaquent ensemble aux problèmes qui entravent leur amour. Mais voir ce dont vous êtes capable seul est un défi aussi beau. Ce livre se veut un *manuel d'autoassistance* même si tous les conseils peuvent être partagés avec votre partenaire. Vous *pouvez* y arriver seul et savoir cela donne un grand pouvoir.

Que votre couple fonctionne bien et n'aie besoin que de petits ajustements où qu'il soit sérieusement en danger, vous serez surpris de découvrir tout le bien que vous pouvez lui apporter en ne comptant que sur vous. Et si vous êtes seul, les idées contenues dans ce livre vous aideront à approcher différemment, de manière plus engageante, les membres du sexe opposé. Commençons donc !

La première consigne de la journée est de garder en permanence à l'esprit votre but supérieur. Je vais le répéter ici au cas où vous l'auriez déjà oublié (nous avons la mémoire courte !) :

> « L'objectif premier de ma relation de couple est d'apprendre à devenir une personne plus aimante. »

Ce but ressemble à un vœu pieux mais je peux vous garantir que son accomplissement déclenchera peut-être la résistance de votre *moi* inférieur, la part la plus faible de votre être. Celle-ci se manifestera en cours de route, en particulier au début. Mais ne vous inquiétez pas. Si vous ne renoncez pas, aimer finira par vous apparaître comme la voie la plus naturelle à emprunter.

Gardez votre but supérieur à l'esprit et écoutez cette déclaration qui vous surprendra peut-être : les sentiments sont contagieux.

Les sentiments sont contagieux

C'est difficile à imaginer – surtout pour les esprits pragmatiques – mais nous ne nous arrêtons pas à la limite formée par notre peau. Nous possédons un rayonnement, une énergie, que certains appellent « une aura », qui « touche » les gens autour de nous. Je vous entends protester d'ici : « Susan, je n'avalerai pas ces superstitions. » Mais il ne s'agit pas du tout de superstitions.

Pensez aux choses suivantes :

• vous vous êtes déjà retrouvé avec des gens dont la compagnie était vraiment agréable. Il émanait de ceux-ci une aura positive. Ils étaient si enjoués, bienveillants et attentifs aux autres que vous aviez très envie de les serrer dans vos bras ;
• vous avez sûrement côtoyé aussi des gens dont la compagnie était vraiment désagréable. Une aura négative émanait de ces individus : ils se plaignaient, critiquaient et ne s'intéressaient qu'à eux, ils vous donnaient envie de garder vos distances.

Ne serait-il pas merveilleux de réussir à ajuster vos pensées, vos actes et votre comportement de manière à rayonner et à envoyer des ondes positives à votre entourage, et plus particulièrement à votre conjoint ?

Si vous êtes sceptique, étudiez les enseignements d'Henry Grayson, entre autres. Selon ce dernier, il existe des preuves scientifiques, en particulier dans les domaines de la mécanique quantique et de la physique des particules, d'une connexion nous reliant tous au niveau le plus profond. Henry Grayson dit aussi qu'une « conscience » ou « intelligence » sous-tend la totalité de la réalité visible et que cette conscience nous donne des pouvoirs dépassant notre imagination. Il en conclut que :

> « Les êtres humains sont peut-être tous interconnectés a d'immenses implications sur la compréhension du fonctionnement de la relation amoureuse – dans un sens à la fois positif et négatif. »[1]

Il ajoute qu'il en est arrivé à comprendre que le comportement d'une autre personne est souvent un miroir de notre propre comportement, si bien que, si nous nous montrons critiques – même en notre for intérieur –, nous recevons en retour des critiques. Les pensées aimantes, en revanche, nous attirent de l'amour. (Je vous conseille de relire cette phrase plusieurs fois.)

Grayson décrit une expérience « d'une portée considérable ». Pendant une semaine, il conçut des pensées négatives au sujet de sa femme pendant la journée. Elle n'en savait rien mais il constata que, quand il rentrait chez lui le soir, le comportement de celle-ci reflétait les pensées qu'il avait eues ! Elle se montrait très négative dès qu'il franchissait la porte. La semaine suivante, il n'eut que des pensées aimantes à son sujet pendant la journée. Quand il rentrait à la maison, il constata qu'elle débordait d'affection pour lui. Étonnant ! Je refuse de tenter cette expérience avec Mark, car je ne veux pas avoir des pensées négatives à son égard pendant une semaine ; et je ne vous suggère pas non plus de vous y risquer, mais je suis heureuse que Grayson l'ait fait pour nous[2].

Grayson tire de l'expérience la conclusion suivante : « *Il me revenait ce que je pensais au fond de moi.* » En conclusion : ce qui se passe dans notre esprit affecte très profondément nos rapports avec les autres. Cette découverte, si elle est vraie, a une portée stupéfiante : par nos seules pensées, nous pouvons contribuer à faire naître les sentiments de notre choix dans la relation amoureuse.

Compte tenu de ce que vous venez d'apprendre, le moment est venu de vous poser une question importante :

> « Quand je suis avec mon partenaire, est-ce que je rayonne généralement à son égard d'une énergie positive ou négative ? »

Soyez sincère avec vous-même. Si vous vivez une relation géniale, je parierais que vous dégagez en général une énergie positive. Et si vous avez beaucoup de problèmes dans votre couple, il est quasi certain que vous dégagez une énergie négative la plupart du temps. Si vous appartenez au second groupe, vous connaissez le premier défi à relever : vos pensées doivent devenir plus aimantes.

Une évidence s'impose :

> *Si vous pensez et agissez de manière aimante, votre partenaire « capte » cette énergie aimante.* Vous devenez à ses yeux un modèle qui évoque l'amour. Et la nature entière de la relation commence à tendre vers l'amour.
>
> *Si vous pensez et agissez de manière non aimante, votre partenaire « capte » cette énergie non aimante.* Vous devenez à ses yeux un modèle qui évoque le conflit. Et la nature entière de la relation commence à tendre vers le conflit.

Vous remarquez que je ne vous pose pas de question sur l'énergie de votre partenaire. En effet, dans votre quête d'une personnalité plus aimante, les pensées et le comportement de l'autre n'entrent pas en ligne de compte, du moins pas au début. Vous devez vous concentrer sur vos propres pensées et votre propre comportement. De toute manière, vous savez probablement déjà qu'il est très difficile, voire impossible, de changer quelqu'un. Mais en faisant évoluer vos pensées et votre comportement dans le sens de l'amour, vous permettez à la relation amoureuse d'aller dans la bonne direction. Et ceci parce que :

> En devenant une personne plus aimante, *vous devenez un instrument permettant à votre partenaire de faire l'expérience de l'amour.* Et il devient plus aimant en retour.

Relisez ce paragraphe car il est important.

Pendant que j'écrivais ce livre, je fus invitée par un groupe de femmes à une réunion qui avait pour sujet l'amour. Avant le début de la discussion, je vis des femmes charmantes bavarder et rire tout en dégustant les amuse-gueules préparés avec talent par l'hôtesse du jour. Mais quand elles se sont mises à parler de leur relation de couple – ou de leur célibat –, leur « aura » s'est rapidement transformée.

De façon prévisible, celles qui n'étaient pas satisfaites par leur vie à deux émettaient une énergie « pathétique » qui peut se résumer à trois mots : reproches, reproches, reproches. Cette énergie était perceptible par toute l'assistance. Je me souviens en particulier d'une de ces femmes. Iris était rigide, négative et pleine de dégoût. Elle affirmait qu'elle en avait assez de travailler seule à améliorer les rapports entre elle et son conjoint. Mais en l'écoutant parler, il devint soudain évident que ce qu'elle appelait « travailler seule sur la relation » se résumait à ses tentatives de le changer LUI ! À l'entendre, elle n'était responsable en rien de leurs difficultés de couple ! Je ne doute pas que son mari « captait » son énergie négative pendant qu'elle l'accablait de reproches. *À aucun moment, même quand d'autres femmes du groupe l'y encouragèrent, elle ne fit la moindre tentative de s'interroger sur elle-même pour découvrir l'origine de sa profonde colère à l'égard de son conjoint.* Iris offrait sans aucun doute aux autres femmes un excellent exemple du comportement à ne pas avoir dans une relation amoureuse.

De façon prévisible, les femmes du groupe qui vivaient une relation de couple harmonieuse émettaient, quand elles en parlaient, une énergie très calme, dirigée, aimante et sage. L'estime dans laquelle elles tenaient leur partenaire était sensible, tout comme l'absence de reproches. L'une d'elles, Sally, mariée depuis vingt ans, s'exprima ainsi :

> « Je sais que, lorsque je ressens négativement quelque chose en rapport avec mes relations avec mon mari, celui-ci en est rarement responsable. C'est moi qui suis en cause. Je me contente de m'absenter un moment, le temps de tirer mon problème au clair. Et de nouveau, tout va bien. »

Sally démontrait ainsi qu'une relation amoureuse pouvait être un fantastique véhicule de connaissance de soi. Elle parla ensuite des nombreuses manières dont son mari enrichissait sa vie. Sally avait indéniablement une aura aimante Je ne doute pas que son mari « captait » cette aura aimante et répondait de même. Elle réussissait en conséquence à créer un magnifique cycle d'amour. Son mari vint la chercher à la fin de la soirée, et nous pûmes tous constater que l'énergie qui circulait entre eux était en effet merveilleusement aimante *. L'exemple ci-dessus illustre simplement un des moyens de commencer à

---

* Je constatai une dernière chose lors de cette réunion : les célibataires du groupe n'avaient pas une vue claire de l'amour. L'une d'elles posa la question très significative suivante : « Quelqu'un peut-il me dire à quoi l'amour ressemble ? » Si vous vous posez la même question, la lecture de ce livre devrait vous fournir des réponses.

influer seul sur sa relation de couple. Une fois de plus, si votre partenaire veut se joindre à vous, tant mieux ! Mais vous serez surpris des progrès que vous pouvez obtenir seul. Savoir que cette possibilité existe devrait soulager celles et ceux dont le compagnon ou la compagne a des réticences, pour des raisons qui lui sont propres, à travailler sur les rapports dans le couple. Si vous ne souhaitez pas agir seul, il vous sera plus facile de voir les choses ainsi : vous travaillez pour vous !

Vous travaillez pour vous !

Pensez-y. Quand vous vous demandez : « Pourquoi est-ce qu'il/elle ne change pas ? », vous posez une question stérile. En fait, montrer du doigt ne mène jamais à rien. Comprenez une fois pour toutes que *vous n'avez aucun pouvoir sur les actes des autres.* La source du véritable pouvoir consiste à vous demander quels changements vous pouvez *personnellement* apporter pour améliorer la situation. Vous acquérez alors du contrôle. Posez-vous la (bonne) question suivante : « Qu'est-ce que *je* peux faire pour modifier ce qui ne marche pas dans notre relation ? » Soyez assuré que cette attitude vous conduira quelque part ! Et si votre partenaire vous traite vraiment mal, il est inutile de vous demander : « Pourquoi est-ce qu'il/elle me fait ça ? », mais posez-vous plutôt la question constructive suivante : « Comment puis-*je* acquérir assez d'assurance pour partir ? » Ainsi, *vous avez le contrôle.*

J'insiste sur ce point parce que je crois sincèrement que l'esprit joue un rôle essentiel dans le fait de construire ou de détruire l'amour. Si vous acceptez l'idée que votre esprit a un grand pouvoir sur la qualité de votre relation de couple (et de votre vie), le processus pas à pas de « transformation de l'esprit » devient parfaitement évident. Je vous fournirai tout au long de ce livre de nombreux outils pour réussir cette transformation.

Si vous pensez toujours que tout ce qui arrive est entièrement la faute de l'autre, alors relisez le passage précédent... relisez-le encore... recommencez une nouvelle fois. N'oubliez jamais qu'en rendant votre partenaire unique responsable de ce qui arrive, vous vous privez du pouvoir d'apporter des changements. Je vous propose au contraire de récupérer ce pouvoir !

En dépassant les angoisses qui entretiennent la colère, entre autres émotions négatives, vous trouverez en vous une manière plus harmonieuse et plus aimante d'exister au sein de la relation de couple – et dans le monde. Vous deviendrez alors *une personne qui pense et agit depuis son* moi *supérieur (le meilleur de l'être) plutôt que depuis son* moi *inférieur (la part la plus faible).*

Qu'y a-t-il de mieux ? Comme vous le voyez, nous avons *tous* besoin de devenir plus aimants. Pourquoi souffrir quand nous pouvons être heureux ? Hum ! C'est une question que nous devons nous poser en permanence ! Les « leçons d'amour » suivantes vont vous mettre sur le chemin permettant de devenir une personne plus heureuse, une personne dotée d'une aura éclatante !

Leçons d'amour

1. Arrêtez de reprocher à votre partenaire de ne pas vouloir travailler sur votre relation
Comprenez que de nombreuses raisons se cachent probablement derrière son attitude : la peur d'une séparation, le refus de voir qu'il y a un problème, le manque de temps, etc. Souvenez-vous que, dès que vous cessez d'insister pour obtenir la coopération de l'autre, *vous vous sentez immédiatement libre de faire le travail seul.* Vous vous retrouvez aux commandes !

N'oubliez pas un autre point : affirmer qu'il faut s'y mettre à deux pour améliorer la relation est souvent une échappatoire. Que vous en soyez conscient ou non, cette croyance peut être une excuse pour ne pas prendre les mesures nécessaires à la résolution des problèmes – qui demande quelque fois un grand courage. Il est souvent beaucoup plus facile d'accuser son partenaire et de se complaire dans son malheur que de prendre la responsabilité de regarder en soi et de dépasser la peur de changer ce qui doit y être changé. Iris, la femme malheureuse en amour décrite en page 50, est victime de ce genre de croyance. Souvenez-vous, nous avons tous le pouvoir d'assumer la responsabilité de nos vies et de transformer ce qui ne marche pas.

2. Envoyez des « Je t'aime »
Pour commencer à transformer l'énergie négative que vous émettez éventuellement en direction de votre partenaire, essayez la méthode suivante :

• Quand vous êtes séparés, fermez les yeux et imaginez-le devant vous. Puis, en votre for intérieur, répétez rapidement plusieurs fois la phrase « Je t'aime » :

« Je t'aime Je t'aime Je t'aime Je t'aime Je t'aime Je t'aime Je t'aime Je t'aime Je t'aime Je t'aime Je t'aime Je t'aime »

Je dois vous prévenir que cet exercice a déjà provoqué fureur, crises de larmes et toutes les formes possibles de résistance. Mais, *même si vous ne les pensez pas*, continuez à répéter ces mots. Vous devez continuer à les dire jusqu'à ce que vous vous sentiez à l'aise en les prononçant. Cela peut prendre quelques jours, ou plus. Appliquez-vous. N'arrêtez pas avant d'être capable de dire mentalement avec facilité : « Je t'aime » à votre partenaire. Si vous trouvez cet exercice facile, cela signifie que votre énergie (aura) progresse sur le chemin de l'amour.

• Quand vous parvenez à dire mentalement : « Je t'aime » avec facilité à votre partenaire en son absence, suivez le même processus en sa compagnie. Quand vous êtes ensemble à table, au lit, en train de regarder un film, adressez-lui, *en votre for intérieur*, les mots : « Je t'aime » et répétez-les plusieurs fois rapidement. Selon votre situation amoureuse, cet exercice peut être facile, voire délicieux, ou au contraire éveiller de la douleur. Mais ne relâchez pas votre effort avant de vous sentir à l'aise.
• Le moment est maintenant venu de dire : « Je t'aime » au grand jour. Certaines personnes font cette déclaration à leur partenaire plusieurs fois par jour. Mais, pour diverses raisons, beaucoup de gens ont du mal à prononcer ces trois mots à haute voix. Si vous voulez vraiment entretenir l'amour dans votre couple, il est important de vous entraîner à dire ces trois mots essentiels, yeux dans les yeux, à votre partenaire. Je conviens qu'il serait agréable qu'il vous réponde : « Je t'aime, moi aussi », mais dans le cadre de cet exercice, *vous ne cherchez pas à obtenir une réponse.* Il répondra ou pas. Une fois encore, rappelez-vous que vous n'avez pas de contrôle sur ses réactions ; vous n'en avez que sur vos actes – et sur vos propres réactions.

Remarque : si vous êtes déçu de ne pas entendre votre partenaire vous dire : « Je t'aime » en retour, prenez conscience qu'il s'agit seulement d'un point de plus sur lequel vous avez besoin de travailler. Demandez-vous :

> « Pourquoi n'ai-je pas de patience ?
> Pourquoi ai-je du mal à donner de l'amour ?
> Pourquoi est-ce que j'attends toujours quelque chose en retour ?
> Pourquoi est-ce que je n'arrive pas à interpréter les choses aimantes qu'il fait pour moi comme des marques d'affection ? »

Vous trouverez les réponses à ces questions au cours de votre lecture.

3. Engagez-vous à acquérir les outils de l'amour
À partir de maintenant, gardez pendant votre lecture un carnet de notes à portée de main afin d'y consigner des idées qui vous aideront à retrouver, dans votre cœur et votre esprit, l'affection qui vous permettra d'aborder la relation de couple dans un esprit de force et d'amour. Il est si facile d'oublier ! Voici les mots que vous devez répéter, encore et encore : *« J'apprends exactement ce que j'ai besoin d'apprendre. »*

La répétition de cette phrase importante tiendra votre inconscient en alerte, et ce dernier vous signalera au moment voulu : « Voici une bonne idée ! Essaie-la. » Et votre liste s'étoffera de plus en plus. Bien entendu, l'étape suivante est d'utiliser les outils que vous rassemblez.

4. Atténuez vos pensées négatives
Il existe des moyens d'amoindrir la négativité qui pèse sur votre esprit. Dans *La Vie à bras-le-corps*, je propose un exercice intitulé « Atténuez les mauvaises nouvelles ». Je l'ai adapté et lui ai donné le titre « Atténuez les mauvaises pensées ». Il fonctionne ainsi. Chaque fois que vous

éprouvez quelque chose de négatif, essayez d'introduire un élément positif. Par exemple :

> « Cela m'ennuie qu'elle râle tout le temps. Mais je ne peux pas oublier toutes les autres manières dont elle manifeste son amour. »

> « Cela m'ennuie que le siège des toilettes soit toujours relevé. Mais je ne peux pas oublier à quel point je me sentirais mal si je le trouvais toujours baissé... Parce qu'il ne serait pas dans ma vie pour le relever *. »

Sans plus attendre, pensez à quelque chose qui vous ennuie chez votre partenaire et opposez à ce sentiment négatif une pensée positive. En agissant ainsi, vous « émettrez » dans sa direction cet adoucissement de vos sentiments. C'est un premier pas excellent sur le chemin de la création d'une aura aimante.

5. Prêtez attention au comportement de vos amis

Si vos amis se plaignent continuellement de leur relation de couple, il est temps de trouver de nouveaux amis. Il est important de passer du temps avec des gens qui apprécient la beauté de leurs conjoints et travaillent dur pour devenir des personnes plus aimantes. Ceux qui se plaignent continuellement ne travaillent pas à devenir des gens plus aimants : ils sont pris dans une spirale descendante de négativité. En tout cas, en apprenant à jouir du bien-être qu'apportent les pensées positives, vous cesserez de rechercher la compagnie de gens négatifs ! C'est ce qui s'est passé pour moi.

---

* La fréquence avec laquelle les femmes mentionnent le siège des toilettes comme une source majeure d'irritation est presque comique. Les hommes prennent davantage ombrage des récriminations de leur compagne.

Chapitre 4
Trouvez votre pouvoir d'amour

« Si nous devons avoir une existence plus consciente, ou nous connaître plus intimement, ou nous éveiller du cauchemar de notre passé individuel ou collectif, il est essentiel d'étudier la nature de notre esprit – de voir comment il modèle notre réalité et comment il pourrait aussi nous libérer. »

John Welwood[1]

Permettez-moi de vous présenter maintenant l'un de mes exercices préférés. Cet exercice, qui aide à passer d'une position de peur et de colère à une position de force et d'amour, m'a été le plus utile pour construire une belle relation de couple. Je pense qu'il vous aidera aussi beaucoup.

Les lecteurs qui connaissent mon œuvre le trouveront familier, car je m'en suis servi dans des livres précédents et dans un certain nombre de contextes différents. J'aimerais le détailler maintenant pour vous, car il possède un pouvoir de transformation qui améliorera sans aucun doute votre relation. Il consiste à prendre le miroir plutôt que la loupe.

Prendre le miroir plutôt que la loupe

Laissez-moi expliquer comment j'utilise ici le miroir et la loupe...

• La loupe est le symbole de la démarche consistant à montrer l'autre du doigt pour lui reprocher sa propre insatisfaction. Quand vous critiquez votre partenaire, vous aggravez par définition la négativité à l'œuvre dans la relation. En outre, vous éprouvez un sentiment d'impuissance, car, en pensant que votre bonheur dépend d'une personne extérieure, vous renoncez à tout pouvoir. Non seulement le couple en pâtit, mais en plus vous en souffrez personnellement.
• Le miroir est l'antidote aux reproches. Il représente votre examen de conscience et votre prise en charge de la responsabilité à la fois de vos actes et de vos réactions aux événements qui affectent le couple. Quand vous prenez le miroir, vous ne regardez pas ce que votre conjoint est en train de faire, mais ce que vous êtes en train de faire – ou de ne pas faire – pour vous rendre malheureux. Au bout du compte, c'est en vous regardant attentivement dans le miroir que vous parvenez à reprendre du pouvoir et à découvrir ce que vous devez modifier chez vous pour améliorer votre relation. Le miroir vous donne le contrôle de votre bonheur. C'est un outil puissant !

J'enseignais récemment à une jeune femme le concept de la « prise du miroir ». Elle me répondit aussitôt : « Si quelqu'un a besoin de prendre le miroir, c'est mon mari. » Hum ! Le concept lui avait apparemment échappé ! C'est une *certitude* : rejeter les torts et la responsabilité sur son partenaire ne résout aucun problème de couple. N'oubliez pas que votre but supérieur est d'apprendre à devenir *vous-même* une personne plus aimante. Et le miroir offre l'assistance idéale pour y parvenir. J'adore cette phrase de Marcel Proust : « *Le véritable voyage de découverte ne consiste pas à chercher de nouveaux paysages, mais à avoir de nouveaux yeux.* » Soyez sûr que votre miroir vous donnera sans conteste de nouveaux yeux !

Si vos nouveaux yeux vous permettent de comprendre que votre peur, votre manque d'assurance, votre ingratitude, etc. ont créé certaines ou un grand nombre des difficultés existant dans votre couple, *vous n'avez aucune raison de vous le reprocher.* Si vous êtes resté célibataire, ne vous reprochez pas de ne pas avoir trouvé de partenaire. Pour vous rassurer, rappelez-vous que nous faisons tous du mieux que nous pouvons et que nous pouvons *toujours* nous améliorer. Vous plongez votre regard dans le miroir dans l'unique but d'apprendre et de progresser. Comprenez que *la conscience de soi est le premier pas vers un changement positif* et que le miroir constitue le principal outil de construction de cette conscience de soi. Il élimine les dénis et vous permet de devenir honnête avec vous-même. En regardant en vous, vous devenez capable de découvrir ce que vous pouvez faire pour entretenir la flamme de l'amour ; les réponses ne se trouvent pas à l'extérieur.

Le miroir fait aussi beaucoup d'autres choses. Il indique quelle direction suivre pour choisir des mesures qui créeront une énergie plus aimante et amélioreront ainsi les rapports dans le couple. Il aide à passer du *moi* inférieur, la part la plus faible de notre être, au *moi* supérieur, notre part la plus forte et la plus aimante. Qui peut avoir envie de rester coincé dans la partie la plus faible de son être ?

Si vous prenez en main votre miroir, vous vous saisissez de votre pouvoir. Quand vous vous sentez plus puissant, la colère, la douleur et la peur diminuent. Quand vous vous sentez plus fort, vous agissez avec honnêteté, compassion, sollicitude, respect et gentillesse. Le miroir vous permet de distinguer la lumière apaisante qui brille en vous.

Le miroir permet en outre de bénéficier d'un bonus. Si vous avez des problèmes dans votre relation amoureuse, vous avez probablement aussi des difficultés dans d'autres domaines de votre vie. Si vous utilisez le miroir pour améliorer votre relation amoureuse, cette amélioration s'étendra à ces domaines.

Peut-être n'apprécierez-vous pas ce que vous verrez au début dans le miroir. (J'avoue que j'ai vraiment détesté ce que j'ai vu!) Je vous supplie de mettre de côté votre jugement : *le miroir n'est pas un instrument d'autocritique ; c'est un instrument de prise de conscience de soi et de guérison.* Le miroir est là pour vous montrer le chemin pour devenir meilleur et plus aimant. Il est là pour vous aider à identifier les comportements qui nuisent à votre couple et guérir vos blessures intérieures. Il vous indique quand le passé négatif est en train de s'infiltrer dans votre cœur et de nuire au présent. Il met en relief des réactions coutumières qui entravent l'amour. Il vous suffit alors de modifier ces habitudes néfastes pour ouvrir la porte à l'amour. Le miroir est véritablement un outil étonnant!

Tout au long de nos vies, nos relations amoureuses soulèvent en grand nombre des questions de pouvoir, de contrôle, de peur de la trahison, etc. Ces questions essaient en permanence de se mettre en travers des sentiments que nous nous portons – et que nous portons à notre partenaire. Mais notre loyal miroir nous rend capables d'intercepter n'importe quel problème avant qu'il ne devienne incontrôlable.

Le miroir peut-il sauver tous les couples? Bien sûr que non. Mais même si la relation cesse, regarder dans le miroir apporte toujours de grandes récompenses.

L'exemple suivant illustre bien mon propos. Carole était enlisée dans une liaison avec un homme qui la rabaissait constamment. Au début, elle réagissait avec beaucoup de colère à chacune de ses critiques. À bout de nerfs, elle le gifla même une fois. Par chance, il ne répliqua pas. Tous ses amis la poussaient à se séparer de son partenaire, mais elle avait beaucoup de mal à franchir le pas.

Quand elle m'en parla, je lui suggérai de profiter de sa situation, en attendant d'être prête à rompre, comme d'une occasion d'aller examiner non pas les remarques désobligeantes qu'*il* lui adressait, mais les réactions inappropriées que ces remarques provoquaient *en elle.* Je reconnus que traiter une femme ainsi était un comportement d'abruti, mais je lui dis aussi que sa fureur n'était pas une bonne chose. J'ai alors montré à Carole le pouvoir du miroir. Je lui ai dit qu'au lieu de se mettre en colère à cause des critiques de son ami, elle devrait plutôt se demander pourquoi elle était aussi bouleversée quand il la critiquait.

Elle fut réticente au départ, puis finit par comprendre et accepta d'utiliser le miroir plutôt que la loupe. Elle découvrit alors, entre autres choses :

- son besoin d'approbation ;
- sa profonde insécurité ;
- son besoin d'avoir raison.

Elle a pu voir ce qui l'empêchait d'avoir une réaction appropriée aux critiques constantes de son compagnon. Quand elle commença à réfléchir à ses faiblesses, elle constata que sa colère diminuait.

Elle a finalement réussi à réagir à ses critiques sans explosion émotive. Quand son compagnon se moquait d'une de ses attitudes, elle lui disait calmement : « Je suis désolée que tu voies les choses ainsi. Je me sens vraiment en accord avec mon comportement. » Elle mettait ainsi un point final à la dispute sans se placer en position défensive. De plus, en disant : « Merci de me donner ton avis, mais je ne le partage pas », elle montrait qu'elle ne réagissait plus de manière affective aux jugements de son ami.

Plus remarquable encore : Carole, en se confrontant à sa douleur, s'aperçut que son compagnon devait souffrir lui aussi pour se conduire de manière aussi blessante. Elle comprit qu'il se sentait probablement comme elle, angoissé et fragile, et qu'il avait besoin d'approbation. *La colère de Carole s'évanouit et fut remplacée par de la compassion.*

Après quelque temps, elle fut finalement prête à quitter son compagnon. Et elle partit avec amour, remerciant en son for intérieur son ancien partenaire d'avoir été l'« assistant d'entraînement » avec qui elle avait appris à mieux s'aimer et à mieux se respecter. Comme elle avait compris et retenu la leçon, elle n'avait plus à répéter le même scénario avec d'autres partenaires. Aujourd'hui, elle vit heureuse avec un homme aimant et plein d'égards.

Permettez-moi de donner un exemple de la façon dont le miroir a changé ma propre vie. J'ai quitté tant d'hommes entre mes deux mariages que mes ruptures devinrent un sujet de plaisanterie pour mes amis. En fait, je devrais plutôt dire que mes allées et venues sentimentales commencèrent à les lasser sérieusement.

> « Susan : J'ai rompu avec Bob.
> Ami (bâillant) : Et à part ça, quoi de neuf ? »

Un jour, je me suis posé la bonne question : « Susan, pourquoi es-tu toujours en train de rompre ? » La loupe réussissait toujours à dénicher le défaut fatidique de l'autre : il n'était jamais à l'heure, ou ce qu'il mangeait me déplaisait, ou je n'aimais pas sa façon de s'habiller, sa profession ou le fait qu'il joue au golf. Mais je finis par ouvrir les yeux et me rendre compte que ces hommes que je quittais ne pouvaient pas avoir tous les défauts de la Terre. En fait, la plupart étaient des hommes bien. J'en vins alors à me demander si le problème ne venait pas de *moi.*

Je me suis alors forcée à prendre le miroir et à me regarder longuement et attentivement. J'ai finalement affronté la vérité. Tant que je ne resterais pas dans une relation de couple suffisamment longtemps pour comprendre ce qui se passait en moi, je continuerais toute ma vie à quitter mes partenaires pour les raisons les plus fantaisistes. Je me rendis compte que chaque séparation me faisait perdre mon « assistant d'entraînement » et m'empêchait de prendre le miroir et de découvrir pourquoi je me sentais aussi menacée.

Finalement, j'ai rencontré Mark. Et j'ai consciemment pris la décision de ne pas bouger quand mon envie systématique de rompre reviendrait à la surface. J'étais résolue à tenir le miroir pour apprendre ce que je fuyais en mettant toujours un terme à mes histoires d'amour. Je compris rapidement que rompre me permettait d'esquiver la peur de perdre la force que j'avais acquise en vivant seule : j'esquivais mes attentes déplacées ; j'esquivais mon profond manque d'assurance ; j'esquivais ma crainte d'être quittée ; j'esquivais mon besoin d'avoir raison... et quelques autres obstacles à l'amour. En restant avec Mark et en prenant le miroir, je pus dépasser mes angoisses et finir par apprendre ce qu'était le véritable amour. De nombreuses années ont passé depuis ; je suis toujours follement heureuse d'avoir pris la décision de rester.

À l'époque où je papillonnais d'un homme à l'autre, je repérai d'autres personnes, hommes et femmes, qui agissaient comme moi. Et je continue de constater aujourd'hui que beaucoup d'hommes et de femmes choisissent de se séparer plutôt que de se confronter à la réalité de ce qui se passe dans leurs têtes et leurs cœurs. Ils refusent d'utiliser la relation amoureuse pour apprendre les secrets de l'amour et partent en emportant leurs problèmes. Aussi n'est-il pas étonnant qu'ils soient sans cesse confrontés à la même situation.

Bien entendu, tout le monde ne réagit pas ainsi. Nous sommes allés récemment au restaurant, mon mari et moi, avec une charmante jeune femme. Nous avons commencé à parler des relations de couple, et elle nous a dit qu'elle rencontrait quelques difficultés avec son second mari. Mais à aucun moment elle ne l'a jamais blâmé. Au contraire, elle semblait très curieuse de comprendre les raisons qui la poussaient à choisir des hommes qui lui posaient les mêmes problèmes et reconnaissait qu'elle avait encore beaucoup à apprendre.

Elle ne savait pas si son union durerait, mais elle pensait que ce mariage était une bonne occasion de trouver les points sur lesquels elle devait encore travailler pour établir un jour une relation de couple aimante, avec cet homme ou avec un autre. Voyez-vous comment le « processus du miroir » agit ? Il offre une merveilleuse clairvoyance et permet de ne pas perdre de temps et de ne pas se tromper de bataille dans sa quête d'un bel amour.

Aussi, afin de vous épargner beaucoup de temps et de contrariétés, prenez le miroir... sur-le-champ. Ne perdez pas une seconde de plus. Le miroir permet de rester conscient. Quand vous blâmez les autres, vous êtes inconscient. Vous souffrez d'un manque de maîtrise, mais vous ne suivez pas le bon chemin pour y pallier. Quand vous vous regardez dans le miroir, vous affrontez vos manques et découvrez que la source ultime de contrôle se trouve en vous.

Voici quelques exemples de l'évidente supériorité du miroir sur la loupe pour gérer la colère – une des émotions destructrices pour le couple – et de la manière dont son utilisation vous permet de gagner la partie la plus aimante de votre être.

La loupe : « Je suis furieuse qu'il ne gagne pas plus d'argent. »

Le miroir : « Pourquoi lui reprocher de ne pas gagner plus d'argent ? Il se donne tant de mal. C'est ma propre peur qui m'empêche d'obtenir moi-même un revenu. Je dois travailler sur mes peurs. »

La loupe : « Je suis furieux si le dîner n'est pas prêt quand je rentre à la maison. »

Le miroir : « Je suis un enfant gâté. Elle est aussi occupée que moi. Pourquoi est-ce que je ne partage pas le fardeau ? J'ai besoin de travailler sur mon égoïsme. »

La loupe : « Je ne supporte pas qu'il se vautre sur le canapé quand il rentre du travail sans s'occuper du bébé. Je passe mes journées avec ce petit braillard ! »

Le miroir : « Pourquoi devrait-il prendre en charge le bébé quand il rentre à la maison ? Lui aussi, il travaille dur. C'est à moi de trouver quelqu'un qui me décharge un peu des soins du bébé. Je serai ainsi moins fatiguée le soir et nous pourrons recommencer à prendre plaisir à être ensemble. »

La loupe : « Je ne supporte pas qu'elle me laisse seul pour voir ses amies. »

Le miroir : « Mon existence est-elle si limitée que je ne puisse me passer d'elle quelques heures ? Je dois mieux équilibrer ma vie de manière à ne pas me sentir vide et en manque d'affection quand elle s'absente. Au fond, c'est une bonne chose qu'elle ait d'aussi bonnes amies avec qui passer du temps. Je vais devoir agrandir mon propre cercle d'amis. »

Le miroir vous montre comment vous pouvez assumer la responsabilité de mettre en place une situation où tout le monde est gagnant. Et dans les cas où il est préférable de mettre fin à la relation, le miroir indique les changements personnels que vous devez accomplir pour corriger la situation.

Par exemple :

La loupe : « Pourquoi n'arrête-t-il pas les drogues ? »
Le miroir : « Pourquoi est-ce que je reste avec un homme qui refuse de chercher de l'aide alors qu'il se détruit et détruit notre relation ? Je dois dépasser ma peur de le quitter. »

Il est parfois nécessaire de partir. Et vous devez dépasser les peurs de toute nature que la séparation vous inspire. Mais ne partez pas sans le miroir. Il vous servira tout au long de la vie chaque fois que surgiront des difficultés en amour ou ailleurs. Rappelez-vous que :

Les mêmes émotions se manifestent dans les bonnes relations de couple et dans les mauvaises. Mais, dans une bonne relation, vous les utilisez comme des outils de découverte personnelle et, dans une mauvaise relation vous vous en servez pour punir votre partenaire.

Dans une bonne relation, vous vous posez des questions du style : « Qu'est-ce que je ne fais pas pour moi parce que j'attends que mon partenaire le fasse à ma place ? » Cette question est de prime abord très déroutante. Mais si vous continuez à vous la poser, elle apporte des réponses très intéressantes. N'oubliez pas que les changements les plus minimes finissent par faire, avec le temps, une énorme différence.

Pourtant, même les meilleures unions connaissent des hauts et des bas. Il n'existe pas de ligne droite en amour et la vie n'est pas un long fleuve tranquille. Les situations changent. De nouveaux problèmes font constamment tanguer le navire. Une grande relation de couple est un processus sans fin de :

dérivage/rattrapage,
dérivage/rattrapage,
dérivage/rattrapage...

Nous sommes tous des apprentis en amour. Et prendre le miroir pour corriger notre route quand nous nous retrouvons en train de dériver permet d'améliorer constamment nos rapports de couple (et nos vies).

Pour trouver et garder l'amour, il suffit que vous appreniez les vérités et que vous agissiez en vous fondant sur ce que vous avez appris. Oui, cela peut paraître étrange au début ; après tout, briser les mauvaises habitudes dans ce domaine prend du temps. Mais vous y arriverez petit à petit. Ne remettez pas à plus tard le voyage vers l'amour que je vous propose ; il est temps de vous mettre en route.

Approfondir sa connaissance de l'amour est un processus qui dure une vie entière, quelle que soit la situation dans laquelle vous vous trouvez. Les personnes qui ont appris – *et n'oublient pas d'utiliser* – les différents concepts et outils qui mènent à l'harmonie, à la sollicitude et à l'affection possèdent un avantage marqué. Quand elles traversent une période de difficulté, elles parviennent à ouvrir leur cœur plutôt qu'à en chasser l'amour. Ce livre renferme la majeure partie de ces outils et concepts. *Votre tâche consiste à vous en servir quand des difficultés surgissent dans votre couple.* Utiliser votre relation amoureuse – ou votre célibat – pour apprendre comment devenir une personne plus forte et plus aimante est une expérience vraiment excitante. Je vous invite donc tous, vous qui lisez ce livre, à vous servir de votre relation de couple – ou de votre célibat – comme d'un moyen de surmonter les obstacles empêchant l'éclosion d'un bel amour. Je vous invite à prendre conscience de la valeur de ce miroir symbolique, qui vous permet de regarder en face les habitudes négatives et les zones obscures qui empêchent l'amour de durer. Le miroir vous permettra de développer un large éventail d'actions et de réactions saines afin que l'amour puisse grandir... grandir... grandir.

Leçons d'amour

1. Remarquez votre résistance

La prise de conscience est un premier pas important. Si vous avez du mal à saisir le miroir, prenez conscience que vous avez besoin d'avoir raison et que vous êtes réticent à accepter l'idée que vous pourriez jouer un rôle dans les problèmes de votre couple. Il est plus facile de penser que son partenaire est en faute que d'assumer sa responsabilité. Mais dans l'intérêt même de votre santé affective, vous devez assumer la responsabilité de vos faiblesses. En refusant cette responsabilité, vous engendrez une dynamique où le comportement de votre partenaire déclenche votre comportement en miroir et *vice versa* – ce qui crée un cercle vicieux de : colère et reproche / colère et reproche / colère et reproche...

Il vaut tellement mieux apprendre à créer un magnifique cycle de : tendresse et complicité / tendresse et complicité / tendresse et complicité...

Nous avons tous le pouvoir de jouer un rôle dans la création de ce splendide cycle d'amour.

2. Essayez de passer une journée sans faire un seul reproche à l'autre

Est-ce trop long ? Dans ce cas, essayez de tenir trente minutes ! Dix minutes ? Puis augmentez peu à peu la durée jusqu'à ce que vous parveniez à passer une vie entière sans faire – ou presque – de reproches. Quand l'envie de critiquer se manifeste, tournez votre langue sept fois dans la bouche, comme disait ma mère. Prenez le miroir et demandez-vous : « Comment puis-je modifier ma réaction à ce qui se passe ? Comment puis-je prendre davantage de contrôle sur ma vie ? » Les accusations sont contre-productives et indiquent une absence de maîtrise de ses réactions. Donc, continuez à assumer la responsabilité de vos réactions ; vous aurez ainsi un moyen puissant et aimant de faire face à tout ce qui survient dans votre relation amoureuse.

3. Devenez l'observateur de vos pensées

À l'aide de votre miroir, commencez à prêter attention à vos pensées, de manière à avoir d'un côté vous... et de l'autre côté vous en train de vous surveiller ! En agissant ainsi, vous prenez un peu de recul par rapport aux émotions qui pourraient vous diriger à tout moment du jour ou de la nuit. Vous regardez avec une plus grande objectivité ce que vous faites dans l'intérêt ou au détriment de votre relation de couple.

Si le miroir vous dit que votre cœur mène vos pensées, vous êtes en bonne posture pour l'amour. Bien entendu, vous pouvez apprendre toujours davantage. Si votre miroir vous dit que la peur contrôle vos pensées, ne vous inquiétez pas. Le moment est simplement venu de réunir et d'utiliser les outils qui aident à dépasser la peur pour permettre l'éclosion d'un bel amour. Ne vous jugez pas. Vous n'avez qu'à observer vos pensées pour les transformer rapidement en pensées positives.

4. Enregistrez vos progrès

Une fois que vous avez appris comment observer vos pensées, vous pouvez faire un pas de plus. De temps à autre, notez dans un cahier, en précisant la date, ce que vous ressentez. La relecture de ces notes vous permettra de constater combien vos pensées contiennent de plus en plus d'amour. Trop souvent, nous ne remarquons pas nos progrès. C'est seulement quand nous pouvons nous retourner pour voir où nous en étions auparavant que nous arrivons à prendre conscience de la longueur du chemin parcouru.

CHAPITRE 5
SORTEZ DE LA DÉPENDANCE ET ENTREZ DANS L'AMOUR

« Il n'y a pas d'amour sans force et il n'y a pas de force sans amour. Il n'existe pas de plus grand accomplissement que d'entrelacer force et amour dans sa vie. »

Susan Jeffers

J'ai évoqué précédemment des concepts d'amour égoïste et d'amour véritable. Ces deux types d'amours sont issus de parties distinctes de notre être. L'amour égoïste est le produit du *moi* inférieur et l'amour véritable du *moi* supérieur. Les différences entre les deux sont spectaculaires.

• **En vivant sur le territoire du *moi* inférieur**. Vous êtes craintif ; vous êtes insensible aux sentiments de votre partenaire ; vous manquez de confiance dans votre capacité à faire face à un éventuel problème relationnel ; vous n'arrivez pas à aimer l'autre sincèrement car vous êtes trop dépendant et trop en demande. Égoïsme, jalousie, colère, ressentiment, remarques désobligeantes se développent au sein de la relation.

• **En vivant sur le territoire du *moi* supérieur**. Vous êtes dans la partie de votre être la plus forte et la plus aimante. Vous avez de l'assurance ; vous vous souciez profondément des sentiments de votre partenaire ; vous savez que vous possédez la force de faire face à tout ce qui peut se produire dans la relation ; vous vous sentez entier et vous êtes vraiment en mesure d'aimer sans éprouver de menace. Générosité, assurance, gentillesse, reconnaissance, sollicitude, joie font grandir l'amour.

Comme vous pouvez le constater, il existe une ÉNORME différence entre ces deux *moi*. Pour la plupart, nous avons tendance, selon les événements, à aller et venir entre le *moi* inférieur et le *moi* supérieur. Parfois nous manquons d'assurance (état du *moi* inférieur) et parfois nous débordons de confiance en nous et d'amour (émotions du *moi* supérieur). Le but est de passer des périodes de plus en plus longues dans le territoire du *moi* supérieur. Vous devez rester conscient et garder à portée de main votre « caisse à outils » (les « leçons d'amour ») pour revenir dans le bon territoire quand vous réalisez que vous réagissez sans amour – à l'égard de votre partenaire comme de vous-même.

Sans plus attendre, regardez-vous bien dans le miroir et posez-vous la question suivante : « Dans ma relation de couple, mon esprit est-il contrôlé par un mode de pensée du *moi* inférieur ou du *moi* supérieur ? »

J'ai mis au point un petit questionnaire pour vous aider à trancher :

1. « Est-ce que j'utilise ma relation pour remplir mon but supérieur – *devenir une personne plus aimante* – ou est-ce que je l'utilise pour attribuer à mon partenaire la responsabilité de tout ce qui ne va pas entre nous ? »

La dernière option appartient bien sûr à un mode de pensée du *moi* inférieur.
« Est-ce que j'essaie de dominer mon partenaire ou est-ce que je l'autorise à me dominer ? »
Les deux options appartiennent au mode de pensée du *moi* inférieur.
3. « Est-ce que j'aide mon partenaire à s'épanouir en tant qu'être humain ou est-ce que j'essaie de l'en empêcher d'une façon ou d'une autre ? »
La dernière option est un symptôme indéniable d'un mode de pensée issu du *moi* inférieur.
4. « Est-ce que je dépends de mon partenaire pour me sentir entier... pour me sentir en sécurité... pour échapper à ma solitude ? »
Vous êtes sans aucun doute victime de votre *moi* inférieur.
« Ou est-ce que je sais que le sentiment d'être entier... en sécurité... et relié au monde autour de moi dépend uniquement de moi ? »
Vous êtes dans le domaine du *moi* supérieur.
5. « Est-ce que je dis souvent merci pour toutes les bonnes choses que je retire de cette relation ? »
Si vous ne remerciez pas votre partenaire de tout ce qu'il fait pour vous, vous êtes incontestablement sur le territoire du *moi* inférieur. Et s'il ne fait rien pour vous (ce qui est très rare), alors pourquoi êtes-vous avec lui ?
Votre présence est un symptôme du *moi* inférieur qui indique que vous avez trop peur pour rompre malgré votre insatisfaction.
6. « Est-ce que j'exige que tout soit fait à ma manière ou est-ce que je fais preuve de souplesse ? »
Le *moi* inférieur est très rigide ; le *moi* supérieur est plus détendu car il sait qu'il est possible d'apprendre et de tirer parti de tout.
7. « Suis-je ouvert à de nouvelles idées ou ai-je toujours besoin d'avoir raison ? »
Dans ce dernier cas, le *moi* inférieur tient la barre !

8. « Est-ce que je me sais profondément capable de prendre entièrement soin de moi sur le plan financier et affectif ou est-ce que j'ai besoin de mon partenaire pour ma survie financière et affective ? » Se savoir capable de prendre soin de soi aide à penser dans le registre du *moi* supérieur ; l'inverse renvoie à la domination du *moi* inférieur.

Je pense que vous avez compris le principe. À tout moment, pour savoir si vous êtes dans le territoire du *moi* inférieur ou dans celui du *moi* supérieur, écoutez ce que dit la voix à l'intérieur de votre tête. Si vous entendez des choses négatives, vous êtes dans le domaine du *moi* inférieur. Si vos pensées sont empreintes de calme, d'amour, de générosité, de sollicitude et autres tendances positives, vous êtes dans le domaine du moi supérieur. Je vous conseille également de garder en permanence à l'esprit ce que j'ai appelé « le mantra du *moi* supérieur » :

> « Tout se passe à merveille. Quoi qu'il advienne dans ma vie, je ferai face. J'en tirerai un enseignement. Je progresserai. Je le transformerai en victoire ! »

Ce mantra est très rassurant... et également très vrai. Vous possédez une force magnifique qui vous rend capable de faire face à tout. Croyez-moi !

À l'évidence, vous ne pouvez créer un amour véritable si vous êtes pris au piège du mode de pensée du *moi* inférieur, la partie la plus faible et donc la plus dépendante de votre être. En ce qui me concerne, je pense que la dépendance est un grand destructeur de l'amour.

La dépendance est un grand destructeur de l'amour

La dépendance découle de la peur, qui nous conduit à nous protéger à tout prix. Elle engendre un comportement infantile souvent exigeant et déraisonnable. Elle crée une impression d'insécurité qui entraîne jalousie, colère, insensibilité aux sentiments du partenaire, etc. Le *moi* inférieur, lorsqu'il entre en action, est terriblement destructeur pour une relation !

Si vous vous sentez dépendant, vous allez consciemment ou pas essayer de manipuler votre partenaire dans le vain espoir qu'il comblera vos besoins. L'enfant dépendant gouverne votre être et un enfant ne peut pas vivre un amour véritable, qu'il ait 8 ou... 81 ans. Vous devez absolument grandir pour créer une relation aimante. Maintenant, voilà une bonne nouvelle :

> **À l'instant où vous grandissez, c'est-à-dire dès que vous vous connectez à la partie de nous-même qui est forte, pleine d'assurance et généreuse, la nature entière de la relation change. L'amour véritable devient alors possible.**

Relisez ce passage. À mon avis, à part les moments où nous réussissons à être connectés à notre *moi* supérieur, nous restons toujours emplis d'une peur et d'un vide que notre partenaire ne pourra jamais combler. Cette peur et ce vide existentiels sont à l'origine de la plupart de nos difficultés.

Ben et Jenna en offrent un parfait exemple. Pendant six ans, Jenna a été mère au foyer. Elle avait été actrice avant son mariage, mais avait renoncé à sa carrière pour s'occuper de son fils. Depuis qu'il allait à l'école à temps complet, ses journées lui paraissaient vides et insatisfaisantes. Son travail lui manquait et son assurance avait beaucoup diminué depuis qu'elle avait quitté le monde du travail. Elle avait gagné un fils chéri, mais perdu une part importante d'elle-même.

Puis, par un concours de circonstances inattendu, elle se vit proposer un rôle dans une série télévisée. C'était un petit rôle, mais il lui permettait de reprendre sa carrière. Elle mourait d'impatience d'annoncer la bonne nouvelle à Ben, son mari. Mais quand il l'apprit, ce dernier exprima, au lieu des félicitations et du plaisir attendus, de vives objections : il voulait à tout prix qu'elle reste à la maison et énuméra de nombreuses « bonnes » raisons. En réalité, il se sentait menacé à l'idée que sa femme retourne dans le monde extérieur, fasse de nouvelles rencontres, ait son propre revenu... En clair, il se sentait menacé par son indépendance. De nombreuses disputes suivirent cette discussion. Malgré l'opposition de Ben, Jenna accepta l'emploi qu'on lui proposait, sachant que c'était important pour son bien-être.

Comme elle l'avait espéré, son travail lui rendit énormément d'assurance. Elle récupéra une part importante d'elle-même, part qui lui avait cruellement manqué quand elle était mère au foyer. Parallèlement, Ben devint de plus en plus mal à l'aise, car il avait l'impression de perdre le contrôle de Jenna. Cet homme qui *affirmait* aimer sa femme commença à être très critique à son égard. Il ne se jetait pas par terre pour piquer une colère, mais son comportement irrationnel était proche de celui d'un enfant de 4 ans. Il tentait de dire à sa femme : « Je veux que ça se passe comme ça et pas autrement ! » Jenna en éprouva de la colère et se mit sur la défensive, ne comprenant pas pourquoi Ben lui apportait aussi peu de soutien alors que son travail la rendait tellement heureuse. Aucun des deux ne voyait que l'anxiété de Ben était en train de commander leurs émotions et de détruire leur couple.

Ils finirent par divorcer. Ben quitta sa femme en pensant : « C'est entièrement de sa faute si nous nous séparons. » Il vivait sous l'emprise de son *moi* inférieur ; il n'arrivait pas à se regarder dans le miroir – ce qui lui aurait permis de comprendre qu'il était responsable de ce gâchis. S'il s'était hissé jusqu'à son *moi* supérieur, il aurait pris le miroir et entendu le mantra du *moi* supérieur : « Ben, ne t'inquiète pas, tout se passe à merveille. Quoi qu'il advienne dans ta vie, tu feras face. Tu en tireras un enseignement. Tu progresseras. Tu le transformeras en victoire ! » Le résultat aurait été très différent. Ben le comprit après l'échec de son troisième mariage.

Patsy et Tom connurent une situation similaire. Tom voulait s'associer à un ami dans une entreprise immobilière. Ce projet le passionnait mais Patsy souhaitait que son mari garde un emploi salarié afin d'avoir un revenu régulier. Ses inquiétudes financières la rendaient indifférente à l'ennui et à l'insatisfaction qu'éprouvait Tom dans son travail actuel. À sa grande consternation, Tom suivit son cœur.

L'entreprise devint rentable au bout de quelques années, mais malgré le succès professionnel de Tom, le couple ne résista pas. Patsy ne put jamais soutenir Tom dans ses objectifs. Elle se montra dès le départ hargneuse et encline à la critique, et il finit par la quitter. Patsy continue, encore aujourd'hui, de se plaindre de son ex-mari. Si elle avait pris le miroir au lieu de la loupe, elle aurait réalisé qu'elle était elle-même à l'origine de son propre malheur parce qu'elle n'avait pas affronté ses peurs à propos de l'argent, ni trouvé de solution pour calmer ses inquiétudes. Elle n'avait pas compris que ses peurs, à elle, n'avaient pas à gâcher sa vie, *à lui*. Et je crois qu'elle n'a toujours pas compris. Elle continue d'être en colère contre son ex-mari.

Soutenir les progrès de son partenaire est l'un des grands signes indiquant que l'amour est issu du *moi* supérieur. Si Ben et Patsy avaient pris le miroir plutôt que la loupe, ils auraient rapidement remarqué leur propre manque d'assurance. Ils auraient compris qu'ils redoutaient que les actes de leurs conjoints remettent en question leur relation, alors que *c'était leur manque d'assurance qui entraînait la dégradation des rapports avec leur conjoint et finit par entraîner la séparation.* David Viscott ne peut pas être plus juste lorsqu'il dit :

> « Le moyen le plus sûr de détruire une relation de couple est d'entraver l'épanouissement de votre partenaire. Effectivement, une telle attitude n'a rien à voir avec l'amour. Chacun des partenaires devrait pouvoir compter sur l'amour et le soutien de son conjoint pour devenir la personne qu'il est destiné à être. En lui mettant des bâtons dans les roues vous lui dites : "Je ne veux pas que tu sois toi-même. " » [1]

Empêcher ou tenter d'empêcher l'épanouissement de l'autre revient aussi à dire : « Je suis incapable de t'aimer parce que mes propres angoisses font obstacle. » Il ne s'agit pas là d'un véritable amour mais d'un amour égoïste. N'oubliez pas :

> **Quand nous nous soutenons mutuellement dans nos progrès, l'amour ne peut que progresser aussi.**

Peut-être vous posez-vous les questions suivantes : « Pourquoi Jenna ne pouvait-elle pas rester à la maison pour faire plaisir à Ben ? N'aurait-elle pas ainsi agi avec amour ? » Ou : « Pourquoi Tom ne pouvait-il pas se contenter de son emploi pour faire plaisir à Patsy ? » Ces questions sont justes et judicieuses – et en certaines occasions, il peut être approprié et aimant de faire des choses uniquement pour faire plaisir à son partenaire. *Mais quand notre épanouissement personnel est en jeu, suivre notre voie est essentiel comme il est essentiel d'aider son partenaire à suivre la sienne.* Je développerai ce sujet un peu plus loin dans le livre.

Les deux partenaires d'un couple doivent toujours respecter la vérité de l'autre. *Vous ne pouvez vous permettre de devenir victime des angoisses de l'autre.* Si vous redoutez de faire ce qui est bon pour vous parce que votre partenaire s'en irritera, vous êtes sous la domination de votre *moi* inférieur. Inévitablement, vous finirez par éprouver de la rancœur. Pourtant le problème ne vient pas de l'opposition de votre conjoint mais de votre propre incapacité à assumer la responsabilité de votre vie ; il suffit de prendre le miroir pour le voir. Ce n'est pas simple, n'est-ce pas ? Mais il est pour moi évident que deux personnes équilibrées partageant une relation de couple ont chacune envie de soutenir les progrès de l'autre. Vous pouvez ressentir un peu de peur quand votre partenaire commence à ouvrir ses ailes, mais si vous vous encouragez mutuellement, une réelle intimité pourra naître.

Permettez-moi maintenant d'aborder un concept intéressant qui m'a été enseigné il y a un certain nombre d'années par un merveilleux professeur nommé Ken Keyes. Il s'agit des « addictions de contrôle ». Ce concept permet d'éclairer le comportement irrationnel des deux partenaires du couple. Selon Keyes, une addiction est un comportement auquel nous sommes incapables de renoncer, même si des « émotions séparatrices » comme la colère, la peur, le ressentiment, la jalousie et la frustration sont le prix à payer. Ces dernières s'opposent aux « émotions unificatrices » comme l'acceptation, l'amour, la joie, le bonheur et la sérénité. Pour progresser, nous devons apprendre à lâcher prise et à nous montrer plus souples et plus ouverts. Et le moyen d'y parvenir, nous dit Keyes, consiste à *« relever le niveau de nos "addictions " en les transformant en "préférences" »*[2].

Je m'explique. C'est en fait très simple. Une addiction de contrôle est très rigide : « C'est comme je veux, et pas autrement ! » Une préférence est beaucoup plus conciliante. Une préférence dit : « Oui, je préfère que ça se passe comme ça, mais je vais suivre ta manière de voir, car je sais que cela te rend heureux. Je trouverai un moyen de régler les problèmes que cela me pose. »

Ben aurait pu se dire : « Oui, j'ai envie que Jenna reste à la maison, mais je sais qu'elle n'y est pas heureuse. Elle devrait avoir la possibilité de s'accomplir à l'extérieur. L'idée de la perdre me rend nerveux mais je travaillerai sur mes angoisses. Nous nous débrouillerons pour que cela marche. N'est-il pas merveilleux qu'une telle occasion se présente à elle ? Il faut fêter ça ! »

Oh, Ben, pourquoi n'as-tu pas pris le miroir ? Tout aurait pu être si différent !

Et Patsy ? Quel moyen avait-elle de transformer son addiction en préférence face au projet de création d'entreprise de son mari ? Elle aurait pu se dire : « Je préférerais qu'il garde son emploi, car avoir un revenu régulier me rassure, mais il doit suivre son rêve. Moi-même, je n'apprécierais pas de ne pas pouvoir suivre mon rêve. Et qui sait ? Il pourrait vraiment avoir du succès. Et je peux toujours trouver un moyen de gagner davantage si nous en avons besoin. Je vais le soutenir du mieux que je peux. » Ce genre d'approche aurait non seulement permis à Patsy de dépasser ses peurs liées à l'argent et d'acquérir ainsi une plus grande maîtrise de sa vie, mais aurait aussi transformé son mariage en partenariat passionnant.

Si vous parvenez à transformer vos addictions en préférences, vous cessez d'éprouver ressentiments et frustrations. Vous n'avez pas l'impression que l'autre ne vous respecte pas et vous gagnez en sérénité – ce qui est un excellent fortifiant pour une relation de couple. « S'il en va ainsi, c'est bien. S'il n'en va pas ainsi, c'est bien. Nous trouverons un moyen pour que ça marche. » Ken Keyes pensait que transformer la totalité de nos addictions en préférences était la technique clé de la science du bonheur. Je suis d'accord avec lui !

J'ai récemment eu l'occasion de transformer dans ma propre vie une addiction en préférence. Mark et moi mettons un point d'honneur à ne laisser rien ni personne troubler les précieux week-ends que nous passons ensemble. Mais un jour, l'inconcevable est survenu ! Un ami a invité Mark à regarder les derniers matchs d'un tournoi de rugby retransmis par satellite dans notre bar de quartier. Je précise que c'est un événement important pour un Britannique passionné de rugby qui vit à Los Angeles ! Les matchs avaient lieu le samedi matin mais Mark a accepté l'invitation avec joie.

Même si ces matchs avaient seulement lieu quelques samedis matins, je me sentais agressée. J'étais déçue et en colère que Mark ait accepté. Après tout, le samedi était NOTRE jour ! Je ne cessais de me dire : « Comment peut-il choisir d'aller voir un match de rugby plutôt que de rester avec moi ? » Je dois reconnaître qu'il m'avait invitée à l'accompagner, mais je n'aime pas le rugby (désolée pour les fans). Naturellement, il a perçu mon irritation et m'a gentiment expliqué qu'il adorait le rugby... et que les matchs ne duraient que deux heures... et qu'il n'avait pas eu l'occasion d'en regarder depuis des années... et qu'il n'irait pas tous les samedis mais seulement les jours où avaient lieu des rencontres importantes. Je continuai de bouder et de lui jeter des regards dédaigneux et blessés. Bref, une belle démonstration de mon *moi* inférieur – beurk !

Heureusement, au bout de deux jours de bouderie, je réalisai que je devais jeter la loupe pour prendre le miroir. Je compris alors que j'avais une « addiction aux samedis ensemble ». Le savoir rendait ma tâche simple ; je devais transformer mon addiction en préférence : « Oui, je préférerais être avec Mark les samedis matin où il va voir les matchs de rugby, mais ils lui donnent tant de plaisir et j'ai envie qu'il ait du plaisir. En outre, nous avons le reste de la journée pour nous. Je trouverai un moyen pour que nous nous y retrouvions tous les deux. »

Puis j'ai demandé à mon miroir : « Au lieu de me complaire dans une contrariété infantile, que pourrais-je faire ces samedis matin pour passer moi-même un bon moment en son absence ? » Quelques idées très agréables sont apparues : je pouvais louer les vidéocassettes de films qui n'intéressaient pas Mark ; je pouvais profiter de ce moment de paix pour travailler sur mon nouveau livre ; je pouvais me promener sur notre plage splendide ; je pouvais prendre le petit déjeuner avec des amies. Lorsque j'ai commencé à mettre mes idées en pratique, je me suis vraiment mise à prendre plaisir à ces samedis matin où Mark partait regarder les matchs de rugby ! Mon miroir m'a fait comprendre que *la cause de mon mécontentement était mon addiction à une certaine façon de passer les samedis, et non le fait que Mark aille voir les matchs de rugby.*

Je fis ce jour-là une grande découverte ! Je passai de l'état d'enfant malheureux parce que les choses ne se passent pas comme il l'a prévu à celui d'adulte autonome capable de satisfaire ses propres besoins. Mon bonheur ne dépendait pas du fait que mon mari aille ou non voir un match de rugby ! Si j'adore qu'il soit avec moi le samedi matin, je sais maintenant que c'est une préférence, pas une addiction. Bien entendu, mes rapports avec Mark au sujet des matchs de rugby du samedi matin changèrent du tout au tout. Me sentant entière, je pouvais lui donner un gros baiser quand il partait et lui souhaiter *sincèrement* et *joyeusement* de passer un bon moment. Le bonheur était revenu !

Je dois dire qu'une fois mon irritation évanouie, j'ai songé à l'accompagner. Puis j'ai compris que ma présence diminuerait son plaisir. C'était un moment à lui, entre hommes. Ses amis et lui devenaient aphones à force de crier pour porter leur équipe à la victoire... ou la défaite. Au bout du compte, j'ai réussi à prendre plaisir à son plaisir.

Qu'il s'agisse d'une peccadille comme ma sotte saga des samedis matin ou d'une chose plus sérieuse comme la volonté de Ben et Patsy d'empêcher leurs conjoints de vivre leurs rêves, vous devez vous demander si vous souhaitez rester enlisé dans la dépendance et la peur ou accéder à un niveau où vous êtes plus fort et plus aimant. Une telle attitude implique d'abandonner la volonté de changer l'autre, pour se concentrer sur la recherche d'une solution née d'une transformation personnelle. Vous vous efforcez ainsi de vous hisser au-dessus de la dépendance afin d'avoir suffisamment d'assurance pour voir que vous pouvez partager une belle vie avec votre partenaire. Ce genre de partage constitue la base d'un amour véritable.

Vous comprenez maintenant pourquoi vous devez échapper au bourbier du mode de pensée issu du *moi* inférieur et pourquoi vous devez transformer vos addictions de contrôle en préférences. L'amour impose de devenir adulte. Et un adulte possède de la confiance en soi, ne rejette pas la faute sur l'autre, assume la responsabilité de son vécu, fait preuve de souplesse, profite du courant, trouve normal d'apporter sa juste contribution, tient parole, éprouve de la reconnaissance et ne prend pas les choses pour acquises. Oui, vraiment, un adulte offre un formidable spectacle de force et d'amour.

Bien entendu, tout au long de la vie, nous basculons sans cesse entre l'état d'enfant et celui d'adulte. Nous manquons tous, simplement parce que nous sommes des êtres humains, d'assurance par moments. Certains individus possèdent plus de confiance en eux que d'autres, mais nous avons tous nos vulnérabilités. Même si vous êtes très avancé et avez déjà construit un magnifique amour, vous conviendrez avec moi qu'il reste toujours davantage à apprendre.

Avec les années, nous acquérons des attitudes coutumières qui nous empêchent d'aimer pleinement. Mais en prenant notre précieux miroir, nous accédons, lentement mais sûrement, à une partie de notre être plus forte et plus aimante – ce qui nous permet de résoudre de plus en plus rapidement les problèmes qui affectent notre couple. Il m'a suffi d'un samedi pour comprendre ce qui était faux dans ma façon de considérer les escapades sportives de Mark, et j'ai réussi à rapidement changer de comportement. Je sais qu'à une autre époque, mon irritation aurait pu durer indéfiniment ! Progresser demande de la pratique, mais la progression devient de plus en plus facile à chaque pas. Et trouver une solution à un problème devient de plus en plus rapide.

Une fois que vous commencez à échapper à votre manque d'assurance, vous avez l'impression qu'un rideau se lève : votre vision devient plus claire et plus aimante. Bien entendu, l'idéal est que vous arriviez à ce stade en même temps que votre partenaire. Mais pour le moment, commencez par travailler sur vous. Comme vous l'avez déjà appris, les sentiments sont contagieux. Prendre votre miroir donnera peut-être envie à votre partenaire de prendre le sien.

Votre priorité doit être d'accéder à votre *moi* supérieur, la meilleure partie de vous-même. Fonder un amour durable – un amour véritable – en dépend.

~ Leçons d'amour ~

1. Ne vous perdez pas dans la relation ; et si vous vous êtes déjà perdu, retrouvez-vous

Comment vous assurer de ne pas vous perdre ? Cet exercice, adapté de *Tremblez mais osez !*, vous servira de rampe de lancement[3].

• Dotez-vous d'une vie riche et équilibrée de manière à ne pas être anéanti si *n'importe laquelle* de ses parties venait à manquer. Nous devons tous prendre soin de ne pas nous définir uniquement en fonction d'une relation amoureuse. Celle-ci doit être un composant d'une existence épanouie et bien remplie. Si amis, famille, carrière, développement personnel, contribution au monde apportent de la richesse à votre vie, une séparation créera un vide, mais ne vous anéantira pas. Vous saurez que l'on rejoint toujours l'autre rive, celle où le bonheur règne à nouveau, même s'il faut un peu de temps.

• Quand vous commencerez à remplir votre vie de choses merveilleuses, n'oubliez pas de vous engager à cent pour cent et en sachant que vous comptez :

– en famille, soyez présent à cent pour cent, sachant que vous comptez ;
– au travail, soyez présent à cent pour cent, sachant que vous comptez ;
– quand vous vous occupez de votre développement personnel, soyez présent à cent pour cent, sachant que vous comptez ;
– avec des amis, soyez présent à cent pour cent, sachant que vous comptez ;
– dans vos relations de quartier ou de voisinage, soyez présent à cent pour cent, sachant que vous comptez.

Il est important que vous agissiez avec sollicitude, que vous prêtiez attention aux autres et à ce que vous faites et,

plus essentiel encore, que vous réalisiez votre importance. Vous faites une différence. Chacune de vos actions affecte tout le monde autour de vous. Génial !
Si par moments vous pensez que vous n'avez pas d'importance, eh bien, faites comme si vous pensiez que vous en avez. Demandez-vous en permanence :
– « Si je comptais vraiment dans mon couple, que serais-je en train de faire ? »
– « Si je comptais vraiment à mon travail, que serais-je en train de faire ? »
– « Si je comptais vraiment pour mes amis, que serais-je en train de faire ? »
– « Si je comptais vraiment dans mon quartier ou mon voisinage, que serais-je en train de faire ? »

Dressez une liste de ce que vous feriez si vous comptiez vraiment... *et lancez-vous !* Avec le temps, vous finirez par comprendre que vous comptez vraiment !

Quand l'amour est véritable, les deux partenaires ne sont pas « attachés ». Ils forment une équipe mais sont en même temps deux individus capables de se débrouiller seuls. Un cœur qui s'ouvre devient vulnérable et est facile à blesser. Mais quand vous vous sentez entier et fort, quand vous savez que vous avez votre place dans le monde, vous pouvez être « vulnérable en sécurité » car vous êtes sûr de faire face quoi qu'il arrive. Ainsi, la dépendance disparaît. Vous êtes épanoui et vous rayonnez d'une capacité d'aimer empreinte d'assurance et de joie. Vous vous mettez à attirer comme un aimant tout ce qui est bon dans ce monde – et cela inclut une relation amoureuse vraiment merveilleuse.

2. Transformez vos addictions de contrôle en préférences

Tout semble aller pour le mieux, et soudain une parole ou un acte de notre partenaire provoque une sensation de peur et/ou d'irritation. Une alarme intérieure, peut-être inconsciente, vient d'être déclenchée et elle avertit : « Attention, danger ! Je perds le contrôle. » Voici la marche à suivre :

• Dès que l'alarme est déclenchée, saisissez le miroir au lieu d'agresser votre partenaire ou de vous replier sur vous. Comme nous oublions facilement de prendre le miroir, je vous conseille de disposer partout des pense-bêtes disant : « Prends le miroir ! » Si votre couple traverse une période difficile, vous avez tout à gagner à prendre le miroir le plus tôt possible.

• Le miroir vous informe que vous souffrez d'une addiction : vous souhaitez que les choses se passent comme ça et pas autrement. Ah ! ah ! vous êtes en train d'apprendre quelque chose d'important sur vous-même !

• Demandez-vous alors : « Quelle alarme est déclenchée ? Pourquoi ai-je un blocage ? Comment puis-je transformer mon addiction de contrôle en préférence afin d'aboutir à une situation où tout le monde est gagnant ? »

• Demandez-vous aussi comment transformer l'irritation initiale en un sentiment plus acceptable, afin que la réaction devienne une préférence plutôt qu'une obligation.

• Enfin, utilisez la boîte à idées et toute votre créativité pour apporter à votre façon de penser des changements qui vous procureront sérénité, plénitude et satisfaction.

Comme vous le voyez, cette procédure permet de donner à la plupart des situations un tour positif pour les deux membres du couple.
Utilisez sans relâche cet outil psychique, et votre couple en tirera un profit incommensurable !

Si vous avez choisi un partenaire destructeur par nature – qui ne peut s'empêcher de jouer aux courses, de boire ou d'étouffer vos rêves –, consultez l'addenda (p. 263) pour affronter une telle situation.

3. Intégrez à votre vie le mantra du *moi* supérieur

Au cas où vous l'auriez oublié, permettez-moi de le répéter :

> **« Tout se passe à merveille. Quoi qu'il advienne dans ma vie, je ferai face.**
> **J'en tirerai un enseignement. Je progresserai. Je le transformerai en victoire ! »**

Dites-le maintenant. Répétez-le. Et répétez-le encore. Prenez conscience de la sérénité qui accompagne ce genre de pensée. Écrivez la formule afin de l'avoir toujours sur vous. Et quand des doutes vous assaillent, sortez-la de votre poche pour la lire et la relire. Si vous vous appliquez à prononcer suffisamment souvent ce mantra, il se mettra à résonner *automatiquement* dans votre tête dans les bons moments comme dans les mauvais. Quand cela se produira, vous aurez beaucoup progressé sur le chemin d'un mode de pensée issu du moi supérieur. Vous aurez enfin atteint la paix !

4. Devenez le partenaire que vous souhaiteriez avoir

J'adore cet exercice. Tout d'abord, dressez une liste de toutes les qualités dont vous aimeriez que votre partenaire soit doté. Elle pourrait prendre cette forme :

> aimant, gentil, chaleureux, prévenant,
> tendre, reconnaissant, romantique, généreux

Maintenant, passez au grand défi :

Prenez le miroir et commencez à développer ces qualités en vous

« Susan, c'est sournois ! » Je sais. Vous n'aviez pas envie d'entendre ça. Mais comment oser demander à votre partenaire d'être ce que vous n'avez pas pu ou pas voulu être vous-même ? En outre, comme vous l'avez appris au chapitre 2, le comportement aimant est contagieux ! Le seul fait d'assimiler personnellement ces qualités aimantes peut transformer de manière spectaculaire les pensées et les actes de votre conjoint. N'oubliez pas non plus le but supérieur de votre relation de couple : devenir une personne plus aimante. Voici l'occasion parfaite de le mettre en œuvre. Les questions que vous devez vous poser sont :

> « Comment puis-je devenir plus aimant ? Comment puis-je devenir plus chaleureux ? Comment puis-je devenir plus reconnaissant ? Comment puis-je devenir plus prévenant ? Comment puis-je devenir plus tendre ? Comment puis-je devenir plus sûr de moi ? Comment puis-je devenir plus gentil ? Comment puis-je devenir plus romantique ? Comment puis-je devenir plus généreux ? »

Maintenant, à partir de votre propre liste, apportez vos propres réponses. Par exemple :

- « Je peux devenir plus aimant en exprimant simplement mon amour plus souvent. Je dirai régulièrement : "Je t'aime " à mon partenaire. »
- « Je peux devenir plus chaleureux en l'embrassant toujours avant de quitter la maison, au lieu de lancer un : "Au revoir" au moment de franchir la porte. »

- « Je peux devenir plus reconnaissant en remarquant toutes les petites choses qu'il fait pour moi et en l'en remerciant. »
- Etc.

Après avoir décidé des réponses que vous pouvez apporter à votre liste de questions, vous devez passer à l'acte – à votre propre rythme – afin de devenir le partenaire que vous souhaiteriez avoir. Vous devez faire preuve *d'une sollicitude maximale et d'une dépendance minimale*, c'est-à-dire de force et d'amour !

PARTIE 2

L'ESSENCE

Vous devez maintenant relever vos manches afin de résoudre les problèmes – petits et grands – qui empêchent l'amour de se développer. Il existe de bons – et de mauvais – moyens d'aborder ces problèmes. Il est essentiel de savoir les distinguer !

Chapitre 6
Les secrets d'une communication aimante

« La véritable compassion est une force née d'une faiblesse partagée, la reconnaissance d'une humanité commune, un moyen de soigner les blessures de la séparation en créant des liens. Elle contient l'acceptation que nous sommes tous désarmés, au plus profond de notre être, et prêts à recevoir de l'amour. »

Merle Shain [1]

Un jour, quelqu'un m'a offert un livre du docteur Alan Francis intitulé *Tout ce que les hommes savent des femmes.* La quatrième de couverture parlait d'un ouvrage « *d'une franchise féroce et d'une brillante perspicacité* » et du « *tableau le plus complet jamais dévoilé de la connaissance des hommes du sexe opposé* ». Cela semblait très alléchant ! J'ai beaucoup ri quand j'ai feuilleté l'ouvrage : les pages étaient d'une blancheur immaculée ! Je regrette que la version *Tout ce que les femmes savent des hommes* n'existe pas. Je l'écrirai peut-être un jour !

L'humour est une chose merveilleuse, mais nous ne pouvons pas pour autant ignorer à quel point il est grave pour un couple de ne pas réussir à échanger. Alison Rose

Levy, dans une poignante et révélatrice étude du manque de communication qui peut symboliquement s'établir entre deux personnes, évoque la pièce d'Eugène Ionesco *La Cantatrice chauve*[3] :

> « Deux personnes assises l'une à côté de l'autre lors d'une réception ont une longue conversation au cours de laquelle elles finissent par réaliser qu'elles habitent la même ville, le même quartier, la même rue, le même immeuble et le même appartement. À chaque nouvelle révélation, l'une ou l'autre relève l'étonnante coïncidence. À la fin de la conversation, elles découvrent qu'elles sont en réalité mari et femme. Le contraste entre l'intimité supposée exister dans le mariage et l'aliénation polie de ce couple dont chaque membre ne sait rien de l'autre illustre avec une force spectaculaire à quel point la relation amoureuse peut dévier. »

L'histoire racontée par Ionesco peut paraître excessive mais elle est symptomatique de la vie de nombreux couples. J'ai trop souvent entendu des hommes ou des femmes me raconter comment leur partenaire leur avait inexplicablement annoncé un jour : « Je ne suis pas heureux et je pars ; au revoir » et se mettre à gémir : « Je ne savais même pas qu'il n'était pas heureux ! » Malgré les avancées de notre société dans de nombreux domaines, nous avons beaucoup de mal à combler notre besoin le plus élémentaire : partager nos soucis et être une source de réconfort pour notre partenaire. Il est étonnant de constater que les deux membres d'un couple mettent en commun une grande partie de leur vie, à l'exception du plus important : ce qui se passe à l'intérieur de leurs cœurs et de leurs esprits.

Permettez-moi de vous livrer des réflexions que j'ai écrites en 1972, peu de temps après la fin de mon premier mariage – qui avait duré seize ans. Elles montrent que, sur un certain nombre de points, mon ancien mari et moi aurions pu être les deux personnages de la pièce de Ionesco :

« Nous pensions qu'il suffisait que nous nous mariions
pour vivre heureux à jamais ;

nous ne savions pas qu'une relation de couple
demandait beaucoup d'efforts...

Nous pensions que, si nous nous aimions, il était inutile
de dire à l'autre ce dont nous avions besoin ;

nous ne savions pas que personne n'est télépathe...

Nous pensions que le mariage devait remplir tous nos
besoins ;

nous ne savions pas qu'être nous-mêmes était notre
premier besoin...

Nous pensions que devenir un couple nous rendrait
entiers ;

nous ne savions pas qu'il fallait que les deux personnes
fussent entières dès le départ...

Nous pensions qu'il devait être fort et prendre soin
d'elle ;

nous ne savions pas que nous devions prendre soin l'un
de l'autre...

Nous pensions qu'il était déloyal de se développer en
tant qu'individus ;

nous ne savions pas à quel point trop de proximité pouvait être étouffante...

Nous pensions que les progrès de l'autre étaient une menace ;

nous ne savions pas que nous étions forts et que nous n'avions pas de raison de nous sentir menacés...

Nous pensions que l'argent nous apporterait la sécurité ;

nous ne savions pas que la vraie sécurité est issue de la conviction de pouvoir s'en sortir... avec ou sans argent...

Nous pensions que chercher de l'aide était un signe de faiblesse ;

nous ne savions pas que nous avions tous besoin d'aide...

Nous pensions que l'autre ne donnait pas ;

nous ne savions pas que nous étions incapables de recevoir...

Il pensait que j'étais heureuse ;

il ne savait pas combien j'avais peur...

Je pensais qu'il était heureux ;

je ne savais pas combien il avait peur...

Nous ne savions pas... nous ne savions tout simplement pas...

Il y avait tant de choses que nous ne savions pas... »

Oui, il y avait tant de choses que nous ne savions pas. Les phrases ci-dessus montrent à quel point il est important d'apprendre à communiquer, *sur un mode aimant*, avec son partenaire. Sans une bonne communication, la solitude emplit nos êtres. Or, ce sentiment de solitude fait que l'un des membres du couple (ou les deux) a des aventures, se crée des occasions de ne pas rentrer à la maison, et finit par rompre. L'un de mes élèves m'a dit qu'après avoir quitté sa femme, il s'était aperçu qu'il souffrait moins de la solitude que pendant leur vie commune. Je suis sûre que vous comprenez exactement de quoi il parlait. Si vous communiquez mal ou pas du tout avec votre conjoint, vous vous sentirez beaucoup plus seul que si vous étiez célibataire!

Et si cette incapacité à communiquer donne naissance à des pensées hostiles, votre isolement s'accroît encore. Votre vision de la vie se transforme; votre vie de couple ne se résume plus à « ensemble-à-faire-face » mais à « toi-contre-moi ». Par définition, quand nous perdons le contact avec notre côté aimant, nous agrandissons la distance entre nos conjoints et nous-mêmes – ce qui augmente encore notre sentiment de solitude.

Il y a une bonne nouvelle : la solitude n'est pas nécessairement destructrice. Si elle est convenablement canalisée, elle peut se révéler constructive et vous aider à progresser. Quand vous vous sentez seul, prenez votre miroir et modifiez votre comportement de manière à vous rapprocher de votre partenaire. La solitude se transforme en force poussant à abattre les murs. Si vous en tirez parti, vous permettrez à votre relation de s'améliorer et réduirez le besoin d'aller chercher de l'amour ailleurs.

Je sais que l'on reproche souvent aux hommes de ne pas exprimer leurs sentiments. Il est vrai que les femmes sont souvent confrontées à cette difficulté dans la relation. Néanmoins, celles-ci sont aussi nombreuses ou plus nombreuses que les hommes à quitter brutalement leur conjoint et à ne lui parler de rien avant le jour de leur départ ! Je suppose qu'hommes et femmes ont autant de mal à s'avouer d'abord à *eux-mêmes* la vérité avant de la dire à leurs partenaires.

Au début de notre relation, Mark et moi avions certainement beaucoup à apprendre sur la communication. Lors de nos premiers rendez-vous, il était discret, discret, discret, et je parlais, parlais, parlais. Assez rapidement, je pris conscience de cette disparité ! Je commençais à manquer de choses à raconter (difficile à croire, non ?), et il restait un mystère pour moi. Je compris que nous ne pouvions construire une relation ainsi. Pour inverser la tendance, je décidai que j'essaierais de me taire la prochaine fois que nous dînerions ensemble, afin de lui laisser de l'espace pour s'exprimer.

La soirée en question arriva, et un silence pesant s'installa. Mark finit par me demander s'il y avait un problème. J'expliquai que j'avais réalisé que je parlais tant qu'il n'avait pas la place de glisser un mot et que j'avais donc songé à me taire pour lui laisser une chance. Il me dit qu'il prenait plaisir à m'écouter car il me trouvait très intéressante. Je lui répondis que c'était gentil de penser cela, mais que j'avais besoin qu'il me parle pour le connaître. Je déclarai aussi qu'il ne me semblait pas juste d'avoir à fournir le « spectacle de la soirée ». (Comme vous le voyez, j'étais un peu sarcastique à l'époque !)

Je lui ai demandé aussi pourquoi il parlait aussi peu. « L'entraînement, je suppose », m'a-t-il répondu. Il m'expliqua qu'il avait grandi à Singapour, où son père travaillait dans l'administration coloniale, mais qu'il était revenu en Angleterre à l'âge de 7 ans pour entrer en pension. L'expérience était totalement nouvelle, et sa famille lui manquait terriblement. Quand il exprimait ses sentiments, et versait quelques larmes, il subissait les sarcasmes et même les coups (une pratique acceptable à l'époque) des garçons plus âgés. Comme tous les autres élèves, il avait appris très tôt à ne pas exprimer ses sentiments *.

Ah! ah! j'avais appris quelque chose de sa vie. Je suggérai à Mark qu'il était temps qu'il commence à partager ses sentiments avec moi... Et j'ai proposé un marché : je lui ai promis de ne pas le battre s'il me révélait ses sentiments! Et j'ai tenu promesse.

Au fil des ans, quand l'intimité a grandi entre nous, il a appris à partager ce qu'il ressentait. Et j'ai appris à ne pas me montrer ironique et blessante – une très mauvaise habitude que j'avais à l'époque! Pendant de nombreuses années – avant de rencontrer Mark –, je voulais toujours être la meilleure (une caractéristique du *moi* inférieur) et j'étais prête à *tout* pour avoir le dessus. Quand j'ai appris à communiquer sur un mode plus aimant, nous nous sommes sentis tous les deux beaucoup plus en sécurité pour nous livrer.

J'ai mis au point treize « leçons d'amour » porte-bonheur pour améliorer votre façon de communiquer. La fonction de ces leçons est d'abattre les murs que nous avons tendance à ériger et de créer un espace sûr et propice à l'intimité. Elles vous aideront à approcher votre conjoint en ami plutôt qu'en ennemi. Gardez à l'esprit votre but supérieur : devenir une personne plus aimante. Et pour vous faciliter la tâche, n'oubliez jamais ceci : si vous causez de la peine à autrui, vous atteignez l'estime que vous vous portez. Assumez la responsabilité de vos paroles et de vos actes dans toutes les interactions avec votre partenaire.

---

* Malgré tout, Mark pense que son expérience de la pension lui a donné la force merveilleuse qu'il possède aujourd'hui. Il a juste eu besoin d'un peu de temps pour s'y habituer.

Leçons d'amour

1. Abordez votre partenaire avec une énergie aimante

Avant même d'avoir ouvert la bouche, vous avez beaucoup « dit ». Votre aura annonce soit : « Je t'aime, entendons-nous », soit : « Je suis en colère et c'est ta faute ». Comme vous l'avez appris au chapitre 3, les sentiments sont contagieux ! Si vous communiquez dans un sentiment d'amour plutôt que de colère, vos échanges seront beaucoup plus positifs et vous transmettrez des informations plus sensibles. Essayez de faire basculer votre énergie du côté de l'amour avant d'entamer une discussion délicate avec votre partenaire. Je vous ai expliqué dans le chapitre 3 comment envoyer par télépathie des « Je t'aime » à votre partenaire. Ces messages posent un décor idéal à une communication aimante. Avant de parler, répétez longtemps en votre for intérieur les mots magiques. Vous trouvez peut-être l'idée ridicule, mais croyez-moi : répéter « Je t'aime » en regardant son partenaire, ou en pensant à lui, fonctionne comme un fantastique transformateur d'énergie (aura). Vous créez en vous un espace aimant qui rejaillit sur l'autre. Je vous conseille vraiment d'éviter d'aborder un problème, surtout s'il est épineux, avec votre partenaire avant d'avoir créé en vous une connexion aimante.

« Insister sur le positif et éliminer le négatif » offre un autre moyen d'entrer dans un espace aimant. Par exemple, avant d'adresser un reproche à votre compagnon, écrivez cinq choses positives à son sujet pour dissiper vos pensées négatives. Vous serez moins sévère en pensant aux bienfaits qu'il apporte à votre vie.

Rappelez-vous que « les semblables s'attirent ». En étant irascible et négatif, vous avez toutes les chances de susciter une réaction irascible et négative. En vous montrant bienveillant et positif, vous obtiendrez très probablement une réaction bienveillante et positive.

2. Soyez honnête avec vous-même pour pouvoir être honnête avec votre partenaire

Très souvent, notre « honnêteté » cache quelque chose de faux. Nous reprochons à notre conjoint une faiblesse, un défaut que nous avons besoin de guérir en nous. Dans un tel cas, *notre contrariété n'a rien à voir avec l'autre.* Dans un tel cas, notre vérité n'est pas notre vérité !

Bien entendu, nous n'en avons pas conscience sur le moment. Aussi, quand vous éprouvez de la colère, prenez le temps de vérifier que vous n'êtes pas en train de rejeter quelque chose qui vous appartient. C'est compliqué mais votre fidèle miroir peut vous aider à y voir clair. Demandez-vous : « Et si ce n'était pas lui qui me contrariait, mais en réalité :

... mon angoisse à propos de l'argent ?
... la difficulté d'élever des enfants ?
... le fait que je me trouve laid ?
... mon manque de confiance en moi et mon besoin d'être constamment rassuré ?
... la pression exercée par mon patron aujourd'hui ?
... mon manque de reconnaissance pour tout le bien que je lui dois ?
... mes attentes déraisonnables ?
... ma tendance à me décharger de la responsabilité de ma vie ? »

Et ainsi de suite.

En prenant le miroir, vous verrez probablement que vous avez beaucoup de choses à régler et que votre partenaire n'est pas responsable de vos difficultés.

En outre, vous remarquerez qu'après avoir découvert la vraie cause de votre contrariété, vous n'éprouvez plus les mêmes sentiments négatifs envers votre partenaire. La conclusion s'impose d'elle-même : si vous aviez dit la « vérité » (c'est-à-dire si vous aviez adressé un reproche à votre partenaire) avant d'avoir fait le point dans votre esprit, vous auriez raconté un « mensonge ». Oh, l'esprit humain est si compliqué !

Si vous allez au-delà des mensonges que vous vous racontez, le cœur du problème devient accessible. En assumant la responsabilité de vos actions et de vos réactions, vous vous placez du côté de l'amour. Lorsque vous dites : « J'essaie seulement d'être sincère », vous tentez de justifier le fait que vous agressez l'autre. Résumons :

- N'entamez pas de discussion importante avec votre partenaire quand vos sentiments à son égard sont négatifs.
- Saisissez le miroir plutôt que la loupe afin de découvrir la cause réelle de votre contrariété. En étant sincère avec vous-même, vous accédez au cœur – et au nœud – du problème. Vous pouvez alors vous adresser à l'autre d'une voix plus aimante et plus responsable.

Lors de mon premier mariage, je n'ai jamais été capable d'assumer la responsabilité de la colère que j'éprouvais. Puis un jour, ma fureur m'a rattrapée et je ne suis parvenue ni à l'éteindre ni à en faire bon usage. Je refusais d'endosser la responsabilité de ce qui se produisait dans mon existence. Mon cœur s'est totalement fermé – ce qui a signé l'arrêt de mort de notre couple.

J'ai compris depuis qu'il est profitable d'utiliser la colère que nous ressentons pour étendre notre connaissance de nous-mêmes et de nos besoins afin de prendre les mesures qui changeront ce qui ne va pas dans notre vie. La qualité de nos relations amoureuses et de nos existences en dépend.

3. Exprimez votre colère... d'une manière aimante
Le comportement de votre partenaire vous donne parfois envie de hurler de rage et vous n'avez pas à vous laisser piétiner. Mais même si votre courroux est justifié, n'oubliez pas la peine que vous risquez de causer à votre partenaire en l'agressant verbalement. De plus, il est malheureusement impossible de retirer des paroles blessantes prononcées sous l'emprise de la colère.

Vous garderez plus facilement votre contrôle en vous rappelant que l'attitude détestable de votre partenaire est probablement due à de la souffrance, à un manque d'assurance ou à son ignorance de vos sentiments. Pour comprendre cela, vous devez développer votre capacité de compassion. La compassion naît de la compréhension que tous les êtres humains ont leurs faiblesses et que personne n'échappe à la règle, pas même vous !

Il est important que vous éprouviez de la compassion pour votre partenaire mais il est aussi indispensable que vous lui fassiez savoir qu'il est en train de se conduire d'une manière intolérable. Il doit percevoir l'impact émotionnel de ses actes. Mais en éprouvant de la compassion, vous parvenez à exprimer cette contrariété sur un mode aimant. Hurler en cassant la vaisselle n'a jamais rapproché les deux membres d'un couple.

Comment faire pour dire à votre partenaire qu'il a dépassé les bornes ? Tout d'abord, clarifiez vos propres sentiments. Si vous n'avez pas conscience de ce qui se passe en vous, l'autre ne comprendra probablement pas l'impact de son comportement sur vous.

Petits travaux pratiques :

> « Hélène, je sais que tu ne le fais pas méchamment, mais je refuse que tu te moques de moi devant nos amis. Je ne trouve pas cela drôle ; en fait, cela me blesse profondément. Je sais que tu m'aimes et que tu ne veux pas me causer de peine alors, s'il te plaît, arrête ces plaisanteries. Cela compterait beaucoup pour moi. »

Si un comportement particulier ne vous convient pas et que vous le dites clairement et sans faire de reproches, vous contribuez à supprimer des situations néfastes à l'amour. Votre partenaire ne s'était peut-être pas rendu compte qu'il vous blessait. Une fois informé, il devrait changer de conduite. Sinon… eh bien… je parlerai de ce type de partenaire dans l'addenda.

Je voudrais maintenant parler des récriminations. On reproche souvent aux femmes de faire des récriminations. Pourtant, les hommes sont aussi nombreux à se plaindre. Quoi qu'il en soit, si vous voulez garder l'amour vivant, vous devez renoncer aux jérémiades. Beaucoup d'époux rentrent tard de leur travail pour éviter les lamentations qui les attendent dès qu'ils auront franchi le seuil de la maison. Maintenant écoutez comment Dale Carnegie explique l'amour que nous portons aux chiens : « *Ils* DEVIENNENT FOUS DE JOIE *quand ils vous voient.* »[4] Prenez exemple sur eux. Si, au lieu d'accabler votre partenaire de récriminations quand il franchit le seuil de la porte vous devenez fou d'amour et de joie en le voyant, il y a de fortes chances pour qu'il fasse tout son possible pour rentrer tôt ! Et dans l'hypothèse où son travail l'empêche de rentrer tôt, savoir que vous l'attendez à la maison le rendra certainement heureux.

Une relation amoureuse n'inclut pas non plus les taquineries. Celles-ci paraissent parfois drôles, distrayantes et inoffensives, alors qu'elles sont malsaines et souvent nuisibles. Je me souviens d'un couple de jeunes mariés qui ne cessaient de se taquiner mutuellement sur différents traits de leur personnalité. C'était leur moyen de se témoigner de l'affection, mais je leur dis : « N'agissez pas ainsi l'un envers l'autre. » Ils me répondirent avec surprise : « C'est juste pour s'amuser. – Bien sûr, leur ai-je expliqué, mais le jour où vous serez en colère pour une raison ou une autre, vous ne trouverez pas ça drôle et vous aurez pris une pente descendante. Ce n'est pas une bonne chose à faire si vous avez envie de créer un bel amour ! » Se moquer de soi-même est une chose (je le fais tout le temps), mais se moquer de l'autre n'est pas acceptable dans le cadre d'un rapport aimant.

Au tout début de notre relation, Mark a essayé quelque fois de me taquiner alors que nous étions avec des amis. Je lui ai très clairement signifié, en tête-à-tête, que je ne l'acceptais pas. J'ai aussi menacé de le plonger impitoyablement dans l'embarras s'il recommençait jamais ! Je reconnais que ma réaction n'était pas très aimante (je ne me comporterais plus ainsi aujourd'hui compte tenu de tout ce que j'ai appris entre-temps), mais, Dieu merci, il m'a comprise et s'est excusé. Et il n'a jamais recommencé. De là est née notre « habitude » de n'échanger entre nous et de ne dire l'un sur l'autre que des paroles aimantes et pleines de sollicitude. Donc, si vous tenez à votre couple, renoncez à taquiner votre conjoint. Les paroles aimantes sont les seules autorisées !

4. Adressez-vous à la lumière qui est en l'autre
Quand ma fille Leslie avait un peu plus de 20 ans, nous avions beaucoup de mal à communiquer entre nous. Un jour, elle me dit que nous avions besoin d'un médiateur. (La jeunesse est parfois si sage !) J'acceptai et lui demandai d'en choisir un, et à mon grand plaisir, elle s'exécuta. Elle trouva une femme adorable et d'une grande spiritualité : Guru Darshan. Celle-ci savait exactement ce qu'il fallait faire pour nous amener à nous écouter mutuellement et à entendre véritablement ce que l'autre disait.

Elle nous demanda de nous asseoir et alluma une bougie entre nous. Tout au long de la séance, nous devions, à chaque fois que nous nous exprimions, regarder la flamme. Celle-ci représentait la beauté et l'amour intérieurs parfois ternis par les difficultés de l'existence. Leslie devait me dire ce qu'elle avait en tête. Et je devais l'écouter jusqu'au bout, sans jamais l'interrompre. Je devais alors répéter ce que je *pensais* qu'elle avait dit. Si Leslie était d'avis que je l'avais comprise, c'était à mon tour. Je devais regarder la lumière et lui dire ce que j'avais en tête. Elle n'avait pas le droit de m'interrompre avant que j'aie fini. Elle répétait alors ce qu'elle *pensait* que j'avais dit. Si je convenais qu'elle avait compris, c'était de nouveau son tour. Ce processus d'aller-retour dura quatre heures. (Nous avions manifestement beaucoup à expliquer et à comprendre.) Ce fut un moment magique.

Cette bougie – qui symbolisait l'image de la lumière à l'intérieur de chacune – eut un effet aussi puissant que l'écoute et la compréhension des paroles de l'autre. Parfois, les circonstances voilent la lumière que nous possédons à l'intérieur de nous et nous poussent à agir de manière très blessante. Et parfois, les circonstances voilent la lumière à l'intérieur de ceux que nous aimons. La bougie symbolise la beauté qui est toujours là, même quand elle est enfouie sous le chagrin, la douleur, la peur ou tout autre sentiment négatif.

Cet exercice apporte une aide très efficace si vous souhaitez entrer en contact avec votre souffrance intérieure ou avec celle de votre conjoint. Il facilite l'apparition de la compassion. Il consiste à écouter selon un mode spirituel – écouter depuis la meilleure partie de votre être. Il ne s'agit pas de savoir qui a raison et qui a tort, mais simplement de savoir ce que ressent chacun. C'est le premier pas vers le dénouement d'une situation destructrice. Aujourd'hui encore, bien des années plus tard, quand Leslie agit d'une manière qui me gêne, je vois la lumière. Je sais que, lorsque j'agis d'une manière qui la gêne, elle voit également la lumière. Notre relation est maintenant aimante, patiente et douce.

Je me suis beaucoup appliquée – et avec un grand succès – à utiliser la même technique dans mes échanges avec tout le monde, et en particulier avec mon mari, Mark. Bien entendu, parfois, j'oublie la lumière et mes angoisses font écran, mais je ne tarde pas à retrouver la mémoire et à oublier mon point de vue négatif pour rejoindre le côté de l'amour. Ce processus paraît magique. Une fois encore, il s'agit de passer du *moi* inférieur au *moi* supérieur – de la plus mauvaise partie de soi-même à la meilleure. En réalité, la magie n'a rien à voir là-dedans ; il s'agit juste d'un choix sage et merveilleux.

5. N'oubliez pas que vous avez peut-être raison... ou peut-être tort

Notre colère naît parfois de notre perception d'une situation. Si quelque chose vous irrite, raisonner en termes de « Qui a tort/qui a raison ? » n'offre pas la meilleure approche. Préférez une approche basée sur « Voici ce que je ressens ». Dans de tels cas (en fait, dans tous les cas !), n'adressez pas de reproches à l'autre, mais assumez la responsabilité de votre contrariété. Par exemple, si votre partenaire conduit trop vite, ne dites pas :

> « Ralentis ! Tu roules beaucoup trop près de la voiture qui nous précède ! »

En parlant ainsi, vous portez une accusation ; mais vous êtes-vous demandé qui avait raison et qui avait tort ? Manifestement, la situation qui vous met mal à l'aise ne gêne pas l'autre ; la réalité s'arrête là. Vous transmettrez un message plus efficace et plus exact en disant :

> « Chéri (ou chérie), que nous roulions aussi près de la voiture qui nous précède me rend nerveux (ou nerveuse). Je me sentirais mieux si tu ralentissais. » *

Cette réaction ne crée pas une opposition « Qui a tort/qui a raison ? », mais décrit simplement votre propre inconfort. Peut-être qu'il (ou elle) ralentira, peut-être pas. Mais, au moins, vous aurez abordé la situation dans un mode aimant et d'une façon qui ne met pas l'autre en défaut.

N'oubliez pas qu'adresser des reproches n'est jamais un moyen efficace de communiquer. Il est préférable que vous assumiez la responsabilité de vos sentiments, de vos actes et de vos paroles. C'est la seule manière d'établir une communication honnête et claire. J'entends d'ici beaucoup de « Bon d'accord... mais... ». Je sais que ce n'est pas facile, mais quand vos besoins et ceux de votre partenaire sont en jeu, vous devez faire preuve de créativité pour exprimer votre vérité sans blesser l'autre.

---

* Je vous conseille d'utiliser des termes affectueux – mon cœur, mon trésor, ou tout autre mot doux – car ils ouvrent la voie à une discussion aimante plutôt qu'à une âpre dispute.

6. Dépassez votre négativité pour « mentir » avec amour

Vous êtes contrarié sans raison. Vous savez que votre contrariété n'a rien de rationnel. En serrant les dents si nécessaire, obligez-vous à ne prononcer que des paroles aimantes, *même si vous ne vous sentez pas aimant.* Autrement dit : même si vous avez une méchanceté sur le bout de la langue, appliquez-vous à ne proférer que des gentillesses. Prenons un exemple : vous êtes en train de dîner et vous lui en voulez d'être rentré tard du travail. Sachant que votre conjoint subit une forte pression en ce moment, il serait irrationnel et immérité de lâcher sèchement : « Tu as vu l'heure à laquelle tu es rentré ce soir. » Serrez plutôt les dents pour dire : « J'adore les moments que nous passons ensemble. Je t'aime. »

Vous obtiendrez très probablement une réaction aimante. Votre partenaire éprouvera du plaisir à être à la maison en votre compagnie. Et le miracle d'une telle approche est que *votre propre tension disparaîtra, vous jouirez de la beauté de l'instant au lieu de laisser votre ressentiment la détruire.* Il est parfois préférable de taire une contrariété injustifiée pour dire à la place un mensonge aimant. C'est un acte d'une grande beauté.

7. Informez votre partenaire de vos besoins

Au cours d'un de mes séminaires, une femme déclara d'un ton critique : « Si je suis obligée de lui dire ce dont j'ai besoin, c'est qu'il ne fait pas vraiment attention. » Ma réponse fusa : « *Comment pourriez-vous ne pas être obligée de le lui dire ? Il n'est pas télépathe !* » Il est vrai que certaines personnes sont plus intuitives que d'autres, mais néanmoins, *juste par précaution,* vous devez informer votre partenaire de vos besoins ! Vous aurez ainsi une chance de les voir exaucés ! C'est juste du bon sens !

Au cours du même atelier, une autre femme dit : « Il oublie toujours mon anniversaire. » Ma réponse fut tout aussi claire : « *Pourquoi est-ce que vous ne le lui rappelez pas avant, plutôt que de vous montrer vexante après et d'avoir la "satisfaction " de lui reprocher son oubli ?* » Aïe ! Envoyez des e-mails, laissez des mots sur son oreiller, chuchotez au creux de son oreille : « MARDI, C'EST MON ANNIVERSAIRE ! » J'avoue que j'ai du mal à comprendre les hommes ou les femmes qui se plaignent de ne pas voir leurs besoins remplis *alors qu'ils n'ont pas informé leurs partenaires de leurs besoins !* En agissant ainsi, ils sont injustes envers l'autre et envers eux-mêmes.

Voici ce que vous devez faire :

• prenez le miroir pour vous demander précisément ce que vous avez besoin que votre partenaire vous apporte. Faites une liste. Puis installez-vous confortablement avec lui et détaillez vos besoins sur un mode aimant ;
• demandez à votre partenaire ce qu'il a besoin que vous lui apportiez. Prenez-en note et faites tout votre possible pour lui donner satisfaction.

Bien entendu, certains des besoins exprimés seront peut-être difficiles à combler. Mais la connaissance mutuelle des besoins de chacun apporte de la clarté à la relation. Et celle-ci peut faire apparaître des solutions imaginatives.

• Si votre partenaire est incapable d'exprimer ses besoins, laissez-moi vous mettre sur la piste. Je suis sûre qu'il aimerait vous demander :

> « S'il te plaît, regarde sous la surface.
> S'il te plaît, sache que j'ai mes propres peurs.
> S'il te plaît, marche à mes côtés.
> S'il te plaît, fais-moi savoir que tu m'aimes.

S'il te plaît, fais-moi savoir que je t'apporte du plaisir.

S'il te plaît, fais preuve de sollicitude et de gentillesse. »

Au bout du compte, je suppose que nous avons tous plus ou moins besoin des mêmes choses.

8. Brisez le cercle vicieux créé par une attitude défensive

Lorsque quelqu'un vous fait un reproche, votre réaction naturelle est de vous mettre sur la défensive : « Ce n'est pas vrai ! Et toi, quand tu... » (Remplissez les vides.) Ce qui enclenche le cycle de colère et de cris. L'attitude négative de l'un a créé une dynamique qui entraîne l'attitude négative de l'autre.

Si vous prenez le miroir, vous remarquerez que vos réponses cachent votre besoin d'avoir raison. Ego ! Ego ! Ego ! Une fois de plus, vous devez dépasser les limites de votre ego afin d'éviter les réactions négatives. Donc, la prochaine fois que votre partenaire vous fait un reproche, ne soyez pas sur la défensive, essayez d'être constructif. Vous pouvez, par exemple, lui répondre : « Hum ! Tu as peut-être raison. Comment pourrais-je m'y prendre la prochaine fois ? » Cette réponse est inspirée par votre *moi* supérieur ; elle est assurée, aimante et ouverte. Vous ne suivrez pas obligatoirement la suggestion de votre partenaire, mais au moins vous avez dissipé la colère que vous éprouviez. Je serais surprise que ce type d'approche provoque une riposte hostile. En tout cas, celle-ci sera moins hostile que si vous étiez resté sur la défensive.

L'échange que je viens de décrire montre comment les énergies peuvent fusionner au lieu de s'affronter. En continuant sur la voie du *moi* supérieur, vous entendrez de mieux en mieux ce que votre partenaire veut vous dire. Je sais qu'il est difficile, si l'on vous marche sur les pieds, de prononcer des mots aimants. Mais je vous conseille, même si vous êtes vraiment en colère, de prononcer des paroles de paix. Il est étonnant de constater combien les mots sont un moyen efficace de guider ses émotions.

Considérez votre attitude défensive comme une habitude à transformer. En développant votre force intérieure, vous deviendrez conciliant et capable « d'entendre » l'autre avec plus de douceur. Vous parviendrez à répondre à une critique ou même à une agression verbale, sans vous énerver. Vous serez alors capable de dire à l'autre : « Merci de ne pas le garder pour toi », avant d'en tirer les conséquences qui vous semblent appropriées. S'il vous plaît, ne perdez pas de vue que les critiques ne sont pas toujours mauvaises. Elles peuvent être un cadeau quand elles nous révèlent ce qui, dans nos actes, nous aliène notre partenaire ou nous rend la vie plus difficile. En fait, les critiques de votre partenaire offrent probablement une source précieuse d'informations.

9. Apprenez la beauté du silence

Si Mark a dû apprendre à s'exprimer, j'ai dû apprendre à être à l'aise avec le silence et à passer des moments paisibles en sa compagnie sans avoir besoin de lien verbal. J'ai fini par apprendre à établir un lien d'énergie aimante. J'ai appris à communiquer silencieusement en me détendant et en projetant les mots « Je t'aime » : toute tension intérieure se dissipait et mon cœur était rempli d'amour et de communion. J'ai appris que le silence peut être beau. Essayez vous aussi d'envoyer de l'énergie aimante quand le silence s'installe. Si vous éprouvez une tension, elle se dissipera rapidement.

10. Exprimez votre reconnaissance

Vous devez apprendre à considérer honnêtement toutes les choses splendides que fait votre partenaire. Prenez le temps de considérer cette forme d'honnêteté qu'est la

« reconnaissance ». Votre partenaire éprouvera un grand plaisir si vous lui dites ce que vous appréciez chez lui :

> « J'apprécie vraiment que tu ailles à la banque pour moi.
> J'apprécie vraiment que tu organises nos prochaines vacances.
> J'apprécie vraiment la façon dont tu t'occupes des enfants.
> J'apprécie vraiment ton corps chaud et câlin. »

Cette reconnaissance apporte non seulement un grand bien-être à celui qui la reçoit mais vous aide à remarquer toutes les choses merveilleuses que votre partenaire fait pour vous. Elle vous détourne de la négativité pour emplir votre cœur d'amour.

11. Les mots ne sont pas toujours nécessaires

Tout le monde ne dit pas facilement : « Je t'aime » et les actes parlent souvent d'eux-mêmes. Si vous pensez que votre compagnon n'exprime pas ses sentiments, prêtez attention aux messages d'amour véhiculés par ses actes. Par exemple :

> « Je t'apporte une tasse de café »... signifie... « Je t'aime ».
> « Je subviens aux besoins du ménage »... signifie... « Je t'aime ».
> « Je sors la poubelle »... signifie... « Je t'aime ».
> « Je m'occupe des enfants »... signifie... « Je t'aime ».
> « Je suis fidèle »... signifie... « Je t'aime ».
> « Je fais les courses »... signifie... « Je t'aime ».
> « Je te tiens par la main »... signifie... « Je t'aime ».
> « Je t'appelle dans la journée »... signifie... « Je t'aime ».

Je suis sûre qu'en y prêtant attention, vous pourriez remplir des pages entières avec les attentions – qui peuvent être traduites par : « Je t'aime » – de votre partenaire. Grâce à cette prise de conscience, vous vous sentirez aimé et heureux de votre couple. Nous sommes nombreux – hommes et femmes – à avoir du mal à exprimer verbalement nos émotions. Si votre partenaire parle peu de ses sentiments à votre égard mais se conduit avec amour, faites vôtres ces mots de Werner Erhard :

> « Ils ont comme vous et moi une capacité d'amour totale.
>
> La seule chose muselée est l'expression de cette capacité – aussi obtenez-vous une expression muselée d'un amour total pour vous.
>
> Si vous parvenez à accepter cet amour sous cette forme, et si vous parvenez à éprouver de l'extase pour cette expression muselée – si vous réussissez à en éprouver de la joie et à la célébrer –, alors, votre joie... votre extase... votre ivresse à vivre cette relation de couple, je vous le promets, fourniront la chaleur nécessaire pour faire fondre les inhibitions de votre partenaire. Des miracles surviendront. »[5]

N'hésitez pas à graver ces magnifiques paroles dans votre cœur.

12. Trouvez un lieu sûr pour apprendre à vous ouvrir

Dans plusieurs livres, j'ai vanté les bienfaits des groupes de discussion, car ils offrent un cadre sûr où s'ouvrir et affronter ses souffrances intérieures. Femmes et hommes sont nombreux à avoir tiré profit de tels groupes dans le passé. Constater que d'autres personnes connaissent les mêmes problèmes que soi est très apaisant. Vous cessez de vous sentir isolé ; les murs qui vous séparent des autres tombent.

En écrivant *Opening our Hearts to Men,* j'avais le désir de connaître « l'homme derrière le masque ». Mon souhait a été comblé lorsque j'ai été invitée par un groupe d'hommes. J'ai été émue aux larmes en les écoutant parler. Certains étaient en colère; certains débordaient d'amour. Mais ils s'employaient tous à approfondir leur connaissance de la vie et de l'amour[6].

Quand j'ai commencé à faire un travail sur moi, j'ai fait partie d'un certain nombre de groupes. Ils ont changé ma vie. J'ai tant appris sur moi et sur les autres. J'ai plus tard dirigé des discussions de groupes à la fois d'hommes et de femmes. Nous vivons dans une société où il est difficile d'être soi-même mais, si nous arrivons à affirmer notre identité dans la sécurité du groupe, nous pouvons parfois emporter cette ouverture dans le monde extérieur.

Si vous avez des difficultés à communiquer, je vous invite donc à envisager d'intégrer un groupe, qu'il s'agisse d'un groupe d'entraide entre particuliers ou d'un groupe dirigé par un thérapeute. Et si vous n'arrivez pas à en trouver un, créez le vôtre! Dans *Osez briser la glace,* je consacre un chapitre entier à la recherche ou la création d'un groupe[7].

Attention! si vous intégrez un groupe, assurez-vous qu'il n'encourage pas une mentalité de victime. Votre histoire ne doit pas être : « Pauvre de moi, regardez ce qu'il/elle m'a fait », mais : « Voici ce qui s'est passé. Je veux en tirer un enseignement et m'en servir pour progresser. » Nous avons tous intérêt à assumer la responsabilité de changer ce qui ne va pas dans notre vie. Les reproches que nous adressons à ceux qui partagent notre vie rendent cette démarche impossible. Le but d'un groupe d'entraide est de permettre à ses membres de devenir plus aimants et plus responsables.

13. Soyez patient

Vous avez le pouvoir de faire évoluer peu à peu les schémas qui bloquent la communication entre vous et votre partenaire. Mais vous devez faire preuve de patience, surtout envers vous-même. Apprenez à regarder à l'intérieur de vous-même afin de voir comment vous bloquez la communication et comment vous pouvez l'améliorer.

Je sais que ces recommandations sont difficiles à appliquer au début. Je vous suggère de véritablement SENTIR la nature d'une communication saine en les relisant plusieurs fois. Commencez par la « leçon d'amour » qui vous semble la plus facile. Pratiquez-la sans relâche jusqu'à acquérir aisance et naturel. Puis passez à la « leçon d'amour » suivante... et à la suivante... et à la suivante. Pas après pas, vous atteindrez votre but. Ne renoncez pas. Quand vos sentiments et vos mots aimants toucheront le cœur de votre partenaire, vous comprendrez que vos efforts étaient justifiés.

CHAPITRE 7
AIMEZ LES DIFFÉRENCES

« Aimer quelqu'un, c'est voir un miracle qui est invisible aux autres. »

François Mauriac

Ne trouvez-vous pas miraculeux que deux personnes différentes à de nombreux points de vue puissent partager leur vie dans la tendresse ?

Elle ronfle ; il oublie de sortir la poubelle ; elle laisse ses produits de maquillage traîner sur le comptoir ; elle aime s'endormir devant la télévision, il aime se coucher tôt ; elle aime l'opéra, il aime le rock ; etc., etc., etc.

Pourquoi certains couples vivent-ils ces différences sans difficulté ni efforts, alors que d'autres ne cessent de se disputer ? Eh bien, j'ai une théorie simple sur la question :

> **Si vous éprouvez des sentiments très affectueux pour votre conjoint, les différences sont faciles à gérer.**
>
> **Si vous éprouvez des sentiments très peu affectueux pour votre conjoint, les différences sont très difficiles à gérer.**

Si je ne fais pas fausse route, vous avez tout intérêt à vous emplir de sentiments affectueux pour votre partenaire. Sans eux, des différences relativement légères peuvent se transformer en sérieuses incompatibilités.

Le « tableau d'amour » que j'ai mis au point peut vous aider à ressentir amour et bienveillance envers votre partenaire.

Tableau d'amour

Manque d'affection									*Affection*
1	**2**	**3**	**4**	**5**	**6**	**7**	**8**	**9**	**10**
critiques									**tendresse**
reproches									**gratitude**
dédain									**soutien**
(et tout ce qui est négatif)									**(et tout ce qui est positif)**

Pour utiliser le « tableau d'amour », vous devez :

1. Regarder avec attention le mode de relation que vous avez habituellement avec votre partenaire, puis vous positionner, sans tricher, sur l'échelle allant de 1 à 10.

Hum ! Où vous êtes-vous placé ? Si vous avez choisi le 10, félicitations ! Mais n'oubliez pas qu'il y a toujours à apprendre : même les amoureux les plus aimants peuvent déraper de temps à autre ! Si, comme la majorité d'entre nous, vous vous êtes placé sur un chiffre inférieur à 10, votre objectif consiste à progresser pour être plus aimant. Vous détenez déjà un outil très efficace : le miroir. Ce dernier vous rappelle que vous devez changer ce qui ne marche pas. Par exemple, il vous rappelle de :

• cesser de faire des reproches à votre partenaire ;
• remarquer les domaines où vous n'assumez pas la responsabilité de votre vie ;
• trouver des moyens actifs de vous montrer plus affectueux envers votre partenaire. (Les « leçons d'amour » sont un excellent début.)

2. Revenir une fois par semaine au « tableau d'amour » pour voir si vous êtes devenu plus aimant. Si vous avez cessé d'adresser des reproches à votre partenaire et lui avez activement et ouvertement manifesté de l'affection et si vous avez assumé la responsabilité de votre vie, vous avez forcément avancé un peu dans la bonne direction ! En poursuivant vos efforts, vous continuerez d'avancer. Ne vous inquiétez pas si vous reculez par moments. Ressaisissez-vous et repartez. Vous verrez que vous continuez à progresser.

Ne vous inquiétez pas si votre partenaire vous traite d'une manière critique, vous accable de reproches et vous témoigne du dédain : il devrait changer si vous devenez vous-même plus aimant. Votre nouveau comportement doit déteindre sur lui et il se pourrait qu'il change aussi vite que vous. Dans le cas contraire, vous avez sans doute besoin de vous poser de sérieuses questions sur votre relation. (Consultez l'addenda.)

N'oubliez jamais que votre but supérieur est de devenir une personne plus aimante et que le meilleur terrain d'entraînement est votre couple !

> **La clé est d'utiliser toute incompatibilité dans votre relation comme un moyen d'apprendre à devenir une personne plus aimante.**

Permettez-moi de donner un exemple de la manière de gérer avec affection un problème très répandu. De nombreuses femmes se plaignent que leur mari ronfle. Ce sujet apparemment futile est une cause de friction fréquente dans le couple. Si vous êtes concernée, vous ne pouvez ignorer le problème dans la mesure où il perturbe votre sommeil mais vous devez faire attention *à la manière* dont vous l'abordez. Si vous occupez une position élevée sur le « tableau d'amour », vous traiterez la question avec affection et sollicitude. En revanche, si vous y occupez une position basse, vous la traiterez de manière critique et dédaigneuse.

Voici mes suggestions pour régler la question du ronflement de votre partenaire avec affection et sollicitude.

1. Ne faites pas de récriminations et ne montrez pas votre contrariété
Votre mari ne ronfle pas intentionnellement et il est probable que, vous aussi, vous ronfliez. C'est certainement mon cas !

2. Discutez du problème avec affection
Expliquez à votre partenaire, sans faire de reproches, que le fait de mal dormir affecte votre santé, votre énergie et votre humeur. Proposez-lui de chercher avec vous une solution satisfaisante pour vous deux.

3. Faites preuve d'imagination dans la recherche d'une solution
Les idées suivantes offrent un point de départ.

• Essayez les boules Quiès. Certaines personnes ne les supportent pas, mais elles atténuent fortement les bruits.
• Demandez conseil à votre médecin. Dans certains cas, une petite intervention chirurgicale peut diminuer les ronflements.
• Surveillez votre ligne. Un homme m'a dit qu'il avait constaté qu'il ronflait davantage quand il prenait du

poids. Aussi essayait-il de contrôler son alimentation par respect pour sa femme.

• Choisissez un bon réveil. Les réveils ont fait beaucoup de progrès récemment. Certains émettent des sons variés : déferlement de vagues, chants d'oiseaux ou même du bruit blanc. Une femme m'a dit que le bruit blanc, très apaisant, de son nouveau réveil masquait le ronflement de son mari au point de le rendre acceptable.

• Ne dormez pas dans la même chambre. Je connais un couple très lié dont les deux membres ont choisi de ne pas partager la même chambre. Faire chambre à part n'indique pas automatiquement une mésentente et peut considérablement améliorer les rapports au sein du couple. Des câlins le matin et le soir avant de s'endormir maintiennent un haut niveau d'amour et de tendresse. Beaucoup de couples avec qui j'ai parlé ont adopté cette solution mais éprouvent de la gêne à l'admettre. À quoi bon ? Ne vous rongez pas les sangs si, pour une raison ou une autre, vous prenez cette décision. Il peut s'agir d'une mesure adoptée par amour.

• Un couple que j'ai interrogé m'a fait la déclaration suivante : « Aussi fleur bleue que cela paraisse, quand l'un de nous deux ronfle – car cela nous arrive à tous les deux –, l'autre se dit simplement que nous avons beaucoup de chance d'être ensemble. Nous avons transformé le ronflement en facteur de confort. En fait, quand nous sommes séparés, nous constatons que le ronflement de l'autre nous manque ! Heureusement, nos ronflements sont suffisamment discrets pour ne pas perturber le sommeil de l'autre et, souvent, ils s'arrêtent net quand nous tirons doucement sur la couverture. Si l'un de nous avait un ronflement plus sonore, il nous faudrait trouver une autre solution. Et nous la trouverions ! » J'adore l'idée que ce couple a réussi à transformer une gêne – le ronflement – en facteur de confort.

Les exemples précédents sont de simples suggestions pour vous aider à résoudre votre problème. L'idée principale est la suivante : si le niveau d'amour et de sollicitude est élevé, le ronflement est un simple problème à résoudre qui ne porte pas préjudice à la relation ; quand le niveau d'amour et de sollicitude est bas, ce problème bénin déclenche reproches et dédain, et aucune solution inventive n'apparaît.

L'imagination, en plus de l'amour, est souvent nécessaire pour régler de telles questions. Réfléchissez. Sortez des sentiers battus. Je suis prête à parier que, si vous vous creusez suffisamment la tête, vous êtes capable de trouver une solution aimante pour résoudre pratiquement n'importe quel problème.

Une autre source fréquente de doléances est la lunette des toilettes. Je trouve comique qu'un tel objet concentre autant de contrariété au sein du couple. Madame veut que la lunette soit abaissée, Monsieur la laisse relevée. Bien entendu, personne n'a vraiment tort ou raison dans cette affaire. Aucun mode d'emploi ne précise la position de la lunette des toilettes.

Le problème est peut-être en réalité ailleurs ! Peut-être est-il lié à la position que chacun occupe sur le « tableau d'amour » ? Si le score des deux partenaires sur le « tableau d'amour » est élevé, l'homme pensera sans doute à rabaisser la lunette des toilettes parce qu'il a envie de faire plaisir à sa compagne. Et de son côté, la femme ne verra probablement aucun inconvénient à ce que la lunette soit relevée ou elle lui dira affectueusement :

> « Mon chéri, je te serais vraiment reconnaissante si tu prenais l'habitude d'abaisser la lunette des toilettes. Je ne sais pas pourquoi mais je n'aime pas qu'elle soit relevée. Je trouverais très gentil que tu fasses ça pour moi. »

Cette approche a beaucoup plus de chances de susciter une réponse satisfaisante que la suivante :

> « Il faut vraiment être un porc mal élevé pour laisser la lunette des toilettes relevée. »

Avant de formuler une telle remarque, demandez-vous s'il est réellement dégoûtant et mal élevé de laisser la lunette des toilettes relevée ? Certaines personnes ne prêtent aucune attention à ce détail. Je répète qu'il ne s'agit pas d'une situation où l'un a tort et l'autre raison. En revanche, il ne fait aucun doute que, si les deux membres du couple affichent un mauvais score sur le « tableau d'amour », cette question anodine deviendra un motif supplémentaire de discorde.

Le besoin d'avoir le dernier mot sur la lunette des toilettes est aussi une exigence addictive (reportez-vous au chapitre 5 si vous ne vous rappelez plus le sens de l'expression) que vous devez maîtriser pour accéder au bonheur. Attachez-vous à transformer cette exigence en préférence. En devenant plus aimant, vous constaterez que votre opinion à ce sujet n'a plus aucune importance.

Maintenant, comment faire quand l'un des membres du couple est toujours en retard ? Grrr ! Cette situation est à l'origine de nombreuses disputes. Voici quelques suggestions :

• Si vous n'êtes jamais à l'heure, peut-être avez-vous une perception erronée du temps ? Voici la règle : accordez-vous *deux fois* plus de temps que celui que vous estimez nécessaire pour atteindre votre destination. C'est souvent ce que font les gens ponctuels. (Dieu merci, Mark et moi, nous sommes sur la même longueur d'ondes là-dessus !)
• Si vous persistez à ne pas arriver à l'heure, saisissez le miroir et demandez-vous la raison de ces retards. Votre

score sur le « tableau d'amour » est peut-être bas. Si vous éprouvez du ressentiment à l'égard de votre partenaire, vous souhaitez – inconsciemment – le faire attendre ! En tout cas, sachez que manquer de ponctualité, c'est manquer de respect pour le temps de l'autre. Prenez conscience des répercussions que votre négligence entraîne et ne mettez plus les autres dans l'obligation de vous attendre.

• Si votre partenaire arrive toujours en retard, suivez les directives données pour résoudre le problème du ronflement en page 124. Ne lui faites pas de reproches, abordez la question affectueusement et cherchez, avec lui, une solution imaginative basée sur l'amour. Vous pouvez également transformer votre désir de ponctualité (addiction qui nourrit colère et contrariété) en préférence. Par chance pour moi, Mark est toujours à l'heure (en fait, il est même en avance), mais certains de mes amis sont toujours en retard. Pour rester du côté de l'affection, j'ai appris à trouver du plaisir aux moments de solitude au restaurant pendant lesquels j'attends les retardataires. J'observe les gens (une de mes activités favorites) et profite de l'occasion de me détendre. J'essaie de profiter de ces moments – ce qui rend d'autant plus agréable le temps passé avec mes amis quand ils finissent par arriver ! Vous pouvez en faire autant en attendant votre partenaire. Vous retrouverez ainsi la paix !

Comment vivre en couple si l'un de vous est désordonné et l'autre méticuleux ?

> Si vous êtes méticuleux, demandez-vous : « Comment puis-je réagir de manière plus affectueuse ? »
>
> Si vous êtes désordonné, demandez-vous : « Que puis-je faire pour montrer plus de considération pour les préférences de mon conjoint ? »

J'obtiens un très bon score en désordre, mais comme j'ai aussi un bon score en amour, je fais beaucoup d'efforts pour ramasser ce que je laisse traîner. Et je dois avouer que je me débrouille relativement bien. Comment je le sais ? Mark est parti en voyage d'affaires pendant quelques jours et je suis retournée à mon état naturel. En très peu de temps, la plus grande pagaille régnait dans la maison ! Mais Mark a retrouvé un foyer où j'avais tout remis en place en attendant avec impatience son retour. Ce n'est qu'une question de choix, je m'en rends compte. Et mon choix n'est pas de lui infliger mon désordre. J'adore les mots de Marianne Williamson :

> « Je porte en moi tout le pouvoir de la bonté et je vais agir à partir de ce pouvoir. Agir avec amour ou m'abandonner à la paresse ne dépend que de moi. »[1]

Oh, c'est si vrai – au propre comme au figuré !

Si votre partenaire est désordonné, comprenez simplement que le rangement n'est pas l'une de ses priorités. Quand vous avez un haut niveau sur le « tableau d'amour », vous transformez facilement votre goût de l'ordre (addiction) en préférence. Trouvez un moyen d'aborder la question avec affection. Le conseil suivant peut vous aider :

> **Concentrez la plus grande partie de votre attention sur les bonnes choses que votre partenaire apporte à votre vie.**

De cette manière, vous ne laisserez pas son manque d'ordre vous écarter de l'amour.

Maintenant, voyons comment gérer les désaccords qui surviennent dans toute relation. Prenez-vous le risque de vous exprimer et de comprendre l'autre ou campez-vous habituellement sur vos positions ? Voici un exemple de ces deux attitudes :

> « Je suis triste que tu ne m'aies pas parlé de tes projets de week-end. À l'avenir, discutons ensemble avant que l'un de nous prenne des décisions de ce genre. J'en serais heureux. »

Le discours est clair, compréhensible et offre une bonne introduction à une discussion constructive. Il est malheureusement facile de déraper et de dire :

> « Je suis triste que tu ne m'aies pas parlé de tes projets de week-end. C'est toujours pareil. Tu ne tiens jamais compte de moi. Je me demande pourquoi je reste avec toi. »

Aïe ! Ce discours est mauvais, pas aimant du tout et risque de résonner douloureusement aux oreilles de l'autre. En outre, lorsque vous n'êtes pas aimant, vous vous fermez psychologiquement à la peine que vous causez à l'autre. Vos sentiments égoïstes vous font oublier que votre partenaire a aussi des sentiments. Vous êtes à nouveau confronté à un choix. Voulez-vous devenir une personne plus aimante ou non ? Si vous le souhaitez, alors *ne vous écartez pas du sujet* si quelque chose vous contrarie et abordez la question de manière aimante.

La liste des petits litiges qui peuvent jeter le trouble entre deux personnes est longue : les raisons de se disputer lorsqu'on vit à deux sont quasiment infinies. Encore une fois, vous n'avez pas le contrôle de votre partenaire, mais *vous pouvez contrôler vos propres réactions lorsque vous n'êtes pas d'accord avec lui.* Considérez les contrariétés de la vie à deux comme des occasions de vous entraîner à devenir une personne plus aimante. Parallèlement, vous devez garder votre attention fixée sur la beauté que votre partenaire apporte dans votre vie. La lumière qui brille en nous a beaucoup plus d'éclat quand nous nous concentrons sur ce qui est bon plutôt que sur ce qui est mauvais.

Vous savez maintenant ce qui vous reste à faire. Votre objectif est *d'augmenter l'amour et de diminuer la contrariété.* Je reconnais que ce n'est pas toujours facile, mais je vous assure que la récompense est à la hauteur de vos efforts. Quand nous attrapons le miroir plutôt que la loupe, nous passons du *moi* inférieur au *moi* supérieur, lieu où réside l'amour. Quand nous prenons l'habitude de penser depuis le *moi* supérieur, nous avons une conscience aiguë de notre impact sur notre partenaire. Nous nous demandons en permanence : « Est-ce que je lui apporte du bien-être... ou de la souffrance ? » Et si nous répondons oui à la deuxième question, nous nous demandons : « Que puis-je faire pour modifier ce schéma ? » Nous retrouvons alors le chemin de l'amour. Ne vous y trompez pas, c'est un très beau voyage.

Maintenant, je dois vous avertir d'une chose. Quand vous apprendrez à devenir une personne plus aimante, il est possible que votre partenaire ne suive pas votre exemple. Dans ce cas, je ne vous recommande pas de vous laisser piétiner. L'expression « Il n'y a rien de plus déplaisant que des traces de pas sur la figure » est l'une de mes favorites. Il est parfois plus sage de partir. Comprenez simplement qu'un mauvais comportement (qu'il s'agisse de celui de l'autre ou du vôtre) est un symptôme de peur et de souffrance intériorisées. Savoir cela aide à rester ou à rompre – en ayant de l'amour dans le cœur.

Leçons d'amour

1. Choisissez le plaisir de votre partenaire

Quand une personne aimante pense en mode affectueux, le dialogue intérieur suivant se déroule dans son esprit :

> « Je veux ceci.
> Tu veux cela.
> Je veux ton bonheur.
> Faisons ce qui te plaît. »

Voilà une attitude aimante, n'est-ce pas ? Permettez-moi de vous donner un exemple tiré de ma propre vie. Mark et moi allons souvent déjeuner dans un charmant petit restaurant qui possède des tables en terrasse. Je préfère en général m'installer à l'intérieur car il est impossible d'échapper au soleil de la Californie du Sud quand on mange dehors. Je pensais que Mark était du même avis que moi, car il se dirigeait toujours vers notre table favorite, à l'intérieur. J'ai donc été surprise d'apprendre que, lorsqu'il déjeunait avec des amis ou des clients, il s'asseyait le plus souvent à l'extérieur. « Mais tu n'aimes pas manger dehors ! » me suis-je étonnée. Il me répondit : « Je préfère manger dehors, mais je sais que tu aimes être à l'intérieur. Et ça me rend heureux de te rendre heureuse. » Waouh ! Cette petite attention fait monter le score de Mark au sommet du « tableau d'amour ». Oui, Mark m'a beaucoup appris au sujet de l'amour.

Choisir le plaisir de son partenaire peut se traduire de multiples manières : regarder une émission de télévision qu'il apprécie, lui donner la dernière part de gâteau, etc. Ces petites attentions sont autant de pierres qui permettent d'édifier un bel amour.

2. Soyez le meilleur ami de votre partenaire
Si votre relation de couple bat de l'aile, vous remarquerez que vous traitez beaucoup mieux vos amis que votre partenaire. La colère et le ressentiment peuvent vous faire dire des choses horribles, et vous dépassez des limites que vous ne vous permettriez jamais de franchir avec vos amis.

Vous devez prendre conscience que vos actes et vos paroles ont un effet sur votre compagnon. En le critiquant trop souvent, vous sciez la branche sur laquelle vous êtes assis. Permettez-moi de poser la question suivante : « Si rien ne vous satisfait jamais, pourquoi aurait-il envie de votre compagnie ? » Et vous ? *Auriez-vous envie de votre propre compagnie ?* Je vous suggère de *vous entraîner à être la personne dont vous aimeriez la compagnie* – votre meilleur(e) ami(e). Une telle attitude vous demande de rester conscient.

La question la plus importante que vous devez vous poser tout au long de votre relation de couple est probablement : « S'il était mon meilleur ami, comment agirais-je ? » Dans *Tremblez mais osez !*, j'explique comment jouer à faire-comme-si. Dans le domaine de l'amour, vous allez procéder ainsi :

> « Si j'étais son meilleur ami, que dirais-je ? » Et vous le dites.
> « Si j'étais son meilleur ami, que ferais-je ? » Et vous le faites.

Même si vous n'avez pas envie de dire ou de faire ce que vous diriez ou feriez si vous étiez le meilleur ami de votre partenaire, comportez-vous comme si vous le désiriez vraiment ; autrement dit, *mentez dans le sens de l'amour.* Peu à peu, vous commencerez à ressentir vraiment ce que peut éprouver un ami proche de votre partenaire. La façon de gérer un conflit au sein du couple dépend du lien d'amitié qui existe entre les deux partenaires. Votre but ultime est de devenir le meilleur ami de votre partenaire.

3. Libérez-vous de votre habitude de raisonner en termes de « Qui a tort/qui a raison ? »

Bien sûr, il existe des différences entre votre partenaire et vous, et vous y êtes confronté tous les jours. Mais si vous vous libérez de votre besoin de contrôle, vous pouvez vous contenter de laisser les choses être telles qu'elles sont sans vous accrocher à vos idéaux de perfection. Permettez-moi de citer la merveilleuse pensée de Ken Keyes :

> « Quand nous dépassons les modèles gravés dans notre esprit, nous devenons capables de voir que chaque individu est beau, compétent et digne d'amour. En apprenant à accepter les gens tels qu'ils sont, nous découvrons combien tous sont précieux. En travaillant sur la vision du monde à laquelle nous nous accrochons, nous nous mettons à rayonner d'une tolérance et d'un amour en constante expansion. »[2]

Cessez de juger votre partenaire ; intéressez-vous plutôt à vos réactions et plus précisément à votre volonté de faire entrer votre partenaire dans votre moule.

Si vous prenez le miroir, vous découvrirez que vous n'êtes pas parfait non plus. Dans *Opening our Hearts to Men,* j'ai décrit un séminaire de femmes que je dirigeais. À un moment, j'ai demandé aux participantes de crier tout ce qui n'allait pas chez les hommes. La liste était très LONGUE. Je leur ai ensuite demandé de crier tout ce qui n'allait pas chez les femmes. Elles ont été honnêtes : la liste était aussi très LONGUE. Je leur ai alors dit : « Quand nous aurons réglé tout ce qui ne va pas chez nous, nous pourrons nous occuper des hommes. » Elles ont éclaté de rire mais ont compris où je voulais en venir.

Je leur ai ensuite demandé de crier tout ce que les hommes et les femmes avaient de merveilleux. Quand elles l'ont fait, l'énergie dans la pièce a complètement changé. Elle s'est allégée et s'est chargée d'amour – de la même manière que la vie de tous les jours se transforme quand nous nous ouvrons avec gratitude à la beauté de notre partenaire et de nous-mêmes.

Chapitre 8
Quand la vie interfère avec l'amour

« Une relation de couple est une mine d'or...
Nous serions beaucoup plus riches
si nous creusions le filon. »

Susan Jeffers

Oui, une relation de couple est une mine d'or. Nous pouvons en tirer beaucoup d'enseignements sur le don, l'amour et la sollicitude. Il en est ainsi parce que la vie met sans cesse sur notre chemin des situations difficiles susceptibles de fragiliser l'amour et que nous progressons quand nous devenons capables de les gérer. Les problèmes liés à l'argent, les enfants, les beaux-parents, le vieillissement, la retraite, l'excès de travail, la religion, etc. peuvent mettre en danger votre couple. L'apparition d'un problème vous signale que vous devez creuser pour savoir ce qui se cache derrière et apprendre dans la tourmente à devenir une personne plus aimante.

J'ai récemment été très émue par une émission de télévision montrant les obstacles rencontrés, et surmontés, en vingt-cinq ans de mariage par un juif et son épouse sikhe. Leur appartenance à deux religions différentes fut la source de très nombreux problèmes, en particulier après la naissance de leurs enfants. Leurs familles, leurs sociétés et le monde en général s'opposaient à leur union et les combattirent de maintes façons profondément déstabilisantes. Mais *leur détermination à donner la priorité à leur amour* permit à leur couple de rester en vie. Ils avaient tiré un enseignement de toutes ces épreuves et avaient progressé. Ils avaient « creusé le filon », et leur amour est aujourd'hui sans conteste très puissant et très riche.

Si vous voulez que votre amour dure, vous devez toujours lui donner la priorité. C'est parfois plus facile à dire qu'à faire. Vous devez intégrer les règles fondamentales de l'amour si vous souhaitez renforcer votre individualité – et votre amour. Laissez-moi vous décrire trois situations banales et potentiellement préjudiciables et vous montrer de quelle façon les règles fondamentales de l'amour s'appliquent. Même si ces trois problèmes ne vous concernent pas directement, lisez quand même les textes suivants. Vous pouvez appliquer la majeure partie ou la totalité de ces principes dans votre propre relation de couple – et dans votre vie. (Remarque : les « leçons d'amour » sont réparties sur toute la longueur du chapitre au lieu d'être rassemblées à la fin.)

Beaux-parents importuns *

Pour commencer, j'aimerais dire que beaucoup de beaux-parents sont des gens merveilleux qui se rendent utiles à leurs familles et les aiment du mieux qu'ils peuvent. Mais certains empoisonnent la vie de leurs enfants, leur donnant de multiples occasions d'apprendre et de progresser !

---

* Bien entendu, ce passage peut être adapté à vos propres parents. Il s'applique aussi aux parents de couples non mariés.

Janet a réussi à continuer de donner la priorité à son amour alors qu'elle devait affronter une belle-mère *très* pénible : Sophia. En lui rendant visite chez elle à Londres, j'ai personnellement été témoin du comportement critique et réprobateur de Sophia et je dois avouer que j'ai dû me retenir pour ne pas me montrer cinglante ! Mais Janet est étonnamment imperméable au comportement de sa belle-mère. Elle parvient à ne pas en être affectée – du moins la plupart du temps !

Je lui ai demandé comment elle faisait. Elle m'a répondu : « Je veux que Sophia fasse partie de notre vie dans l'intérêt de mon mari et de mes enfants. » (Remarquez la sollicitude.) Janet éprouve aussi de la compréhension pour sa belle-mère qui a eu une vie très difficile. (Remarquez la compassion.) Elle dit : « Je ne la laisse pas m'atteindre dans un sens négatif. Je me suis inventé un rayonnement protecteur imperméable à sa négativité. » (Remarquez l'imagination.) Elle a expliqué à ses deux fils que leur grand-mère était une personne malheureuse et qu'ils ne devaient prêter attention qu'aux gentillesses qu'elle a pour eux. (Remarquez comment elle se concentre sur le bon.) Janet offre un exemple lumineux de la manière de rester dans le *moi* supérieur quand l'un de vos beaux-parents est coincé dans le *moi* inférieur.

Janet malgré tout n'est pas une sainte et a ses limites. Lorsque Sophia a rejoint la famille lors d'un voyage en France il y a quelques années, elle s'est montrée si pénible que Janet a décidé que sa belle-mère ne voyagerait plus avec eux. Et elle a tenu bon. Quand Sophia s'est plainte de ne pas être invitée lors des vacances suivantes, Janet a juste répondu : « Je t'aime, mais nous ne voyageons pas bien ensemble. » Et quand sa belle-mère a essayé de discuter, Janet a calmement continué de répéter son « mantra » : « Je t'aime, mais nous ne voyageons pas bien ensemble. » Point final. (Remarquez la saine frontière qu'elle a établie.)

Janet est un modèle de sollicitude, de compassion, d'invention et de positivité envers sa belle-mère, tout en maintenant une saine frontière entre elles deux. Si vous intégrez tout cela à votre relation avec vos beaux-parents (et autres membres de la famille), vous en serez beaucoup plus heureux – et votre partenaire aussi.

Je vous propose quelques suggestions supplémentaires pour protéger votre couple si l'un de vos beaux-parents ou les deux vous met(tent) des bâtons dans les roues.

- Ne vous disputez pas avec votre partenaire à propos de vos beaux-parents et ne l'obligez pas à prendre parti. Ses sentiments envers ses parents, issus des liens affectifs particuliers au rapport enfant/parents (loyauté, culpabilité et amour), sont complexes. Ne lui demandez pas de choisir. Agissez avec amour de votre côté pour améliorer la situation autant que cela vous est possible.
- Soutenez votre partenaire si ses parents essaient de le culpabiliser. Par exemple, s'ils se plaignent qu'il les néglige, rappelez-lui toutes les choses affectueuses qu'il fait pour eux.
- Gardez à l'esprit que, si certains beaux-parents se montrent reconnaissants de vos efforts à leur égard, certains sont toujours insatisfaits. Vous pourrez donner, et donner, et donner encore sans parvenir à les combler. Ils sont ainsi et la probabilité qu'ils changent est faible. Gardez un amour généreux et faites en sorte que leurs critiques ne vous atteignent pas.
- Ne restez pas sur la défensive. La belle-mère d'Alice, l'une de mes élèves, avait fait une remarque à sa belle-fille sur l'état de ses placards. Plutôt que de se mettre en colère, cette dernière a répliqué : « Vous avez raison. Est-ce que vous pourriez les nettoyer ? Cela m'aiderait beau-

coup. » Sa belle-mère a donc nettoyé ses placards et a été ravie de se rendre utile. Voilà un bel exemple d'union des énergies ! Alice, parce qu'elle n'était pas sur la défensive, a réussi à transformer la situation de manière à ce que tout le monde y gagne.

• L'arrivée des enfants dans un couple suscite souvent de nombreux problèmes avec les beaux-parents. Vos parents ou les parents de votre partenaire adorent vous expliquer comment vous devez élever vos enfants. Une fois encore, vous devez renoncer à une attitude défensive. Écoutez-les et, si c'est possible, apprenez. Certains beaux-parents peuvent vous apporter énormément. Ils ont vécu beaucoup plus longtemps que vous et ont probablement des informations précieuses à transmettre. En outre, ils font d'excellents baby-sitters !

• En revanche, si les conseils de vos beaux-parents sont importuns et dépréciateurs, vous devez prendre une position ferme. Ne vous comportez pas en enfant en gémissant, en boudant, en vous mettant en colère, etc. Faites-leur clairement comprendre que vous êtes le parent de vos enfants et que c'est vous qui menez la barque. Faites-leur comprendre avec fermeté, mais douceur, que l'éducation des enfants est votre domaine et celui de votre partenaire. Le message que vous devez leur faire passer est le suivant : « Je vous aime et je décide. » Aussi merveilleux que puissent être vos beaux-parents, c'est vous qui êtes responsable de l'éducation de vos enfants.

• Remerciez-les du bien qu'ils font – même les personnes les plus détestables ont des bons côtés. Et si vous n'y parvenez pas, remerciez-les au moins d'avoir mis au monde votre sensationnel partenaire !

• Intéressez-vous à leur vie. Faites réellement connaissance avec eux. Je suis prête à parier qu'ils ont vécu des expériences qui vous surprendront. Ils ont peut-être surmonté de grandes difficultés et travaillé dur toute leur vie pour élever leurs enfants. En vous intéressant à leur passé, vous vous rapprochez d'eux.

• Si vos beaux-parents n'habitent pas à proximité, impliquez-les dans votre vie de famille grâce aux photos, e-mails, coups de téléphone, etc. Ils en seront très reconnaissants.
• S'ils vivent à côté de chez vous, protégez affectueusement vos frontières et respectez les leurs. S'ils ne respectent pas vos frontières, envisagez de déménager plus loin ! L'augmentation de la distance améliore souvent les rapports.
• Ne ressassez pas les événements qui vous ont contrarié dans le passé. Vos beaux-parents faisaient de leur mieux – comme ils font de leur mieux aujourd'hui. Remplacez les pensées négatives à propos du passé par des pensées positives sur la façon dont vous allez modifier vos actions et vos réactions dans le présent et l'avenir.
• Émettez une lumière aimante. Fermez les yeux et souhaitez-leur des choses merveilleuses. Recommencez souvent. Comme vous l'avez déjà appris, votre énergie aimante et positive est contagieuse, même quand vos beaux-parents sont en jeu.
• Dites-leur que vous les aimez. Si vous le répétez suffisamment souvent, vous pouvez vraiment réussir à ressentir cet amour pour eux.
• Détendez-vous ! N'attachez pas trop d'importance à leurs réactions. Suivez l'exemple de Janet, qui prend tout – enfin, presque tout – avec détachement et parvient à jouir des nombreux bienfaits que lui apportent sa vie de famille et sa vie de couple.

Une fois encore, vous devez comprendre que l'important n'est pas ce que font vos beaux-parents, mais votre *réaction* à ce qu'ils font. Comme vous pouvez le voir, les beaux-parents – bons ou mauvais – font de parfaits « partenaires d'entraînement ». Si vous restez fixé sur votre but supérieur – *devenir une personne plus aimante* –, ils offrent certainement de grandes occasions de pratiquer ! Ils vous aident à dépasser vos propres problèmes avec la rivalité, le contrôle, le besoin d'avoir raison, le besoin d'approbation... et tant d'autres choses.

Enfin, n'oubliez pas que vos beaux-parents ont un point commun avec vous : les réactions qui vous blessent ont pour origine leurs propres angoisses. C'est à vous de progresser et d'agir avec affection, d'accepter ce qui est, d'en tirer un enseignement et de le transformer en un vécu positif. Il y a peu de chances que vous changiez vos beaux-parents. Mais votre attitude affectueuse déteindra peut-être sur eux. En tout cas, en suivant cette voie, vous et votre conjoint serez beaucoup plus heureux.

Les enfants

Les problèmes que les beaux-parents peuvent créer dans une relation amoureuse n'ont rien de comparable avec les difficultés que des enfants – aussi mignons soient-ils – peuvent apporter. Je partage complètement l'avis de Nora Ephron : « *Un bébé est une grenade jetée dans un mariage.* » [1] Si vous voulez sincèrement préserver votre couple, votre but est d'attraper cette grenade avant qu'elle n'explose et ne réduise en ruine ce qui fut un magnifique amour. Un jeune père m'a dit un jour avec une grande tristesse dans la voix :

> « Ma femme et moi étions follement amoureux. Quand ma femme est tombée enceinte, nous étions fous de joie et avons attendu avec impatience la naissance du bébé. Nous avons adoré les préparatifs qui précèdent l'arrivée d'un enfant et avons décoré sa chambre avec joie. Le moment de la naissance nous a procuré un sentiment d'extase. Mais nous sommes vite redescendus sur Terre. Nous n'étions pas préparés à prendre soin d'un bébé. Nous n'étions pas préparés à l'épuisement causé par les nuits sans sommeil, ni à l'absence de liberté due à la présence d'un

> enfant à la maison et nous ne savions pas comment gérer le ressentiment qui commençait à grandir entre nous. Nous avons aimé notre enfant, mais nous avons cessé de nous aimer ma femme et moi. Et quand Jeff a atteint l'âge de 4 ans, nous avons réalisé que nous ne pouvions plus vivre ensemble. »

Cette histoire met en relief l'une des raisons pour lesquelles les parents sont confrontés à tant de problèmes quand l'enfant paraît. *Ils ne sont absolument pas préparés à la réalité de ce qui les attend* : l'attention et la disponibilité constantes, la fatigue, l'intrusion dans l'intimité, la diminution de l'activité sexuelle… et bien plus.

Dans *Freeing Ourselves of the Mad Myths of Parenthood*, j'explique en détail les difficultés que l'arrivée des enfants apporte à la relation amoureuse. Une conspiration du silence garde un grand nombre d'entre nous dans l'ignorance des changements que nos chères têtes blondes apportent dans nos vies et des mesures à prendre pour les gérer.

Bien entendu, de nombreux couples se développent avec l'arrivée des enfants. Je pense que ces derniers sont porteurs du gène « J'adore être un parent ». Ils aiment profondément avoir des enfants chez eux et meurent d'impatience de voir leur famille s'agrandir. Mais pour certains, les choses sont moins faciles. Ces couples-là constatent avec épouvante les dégâts que l'arrivée d'un enfant a causés dans leur relation amoureuse. « Que s'est-il passé ? » se demandent-ils alors. (Je vois beaucoup de personnes opiner de la tête par là !)

Les enfants ont vite fait de nous prendre tout notre temps. Et pendant que nous nous occupons d'eux, nous oublions de nous occuper de notre couple. Laissez-moi vous suggérer quelques moyens d'aborder les conflits que l'arrivée d'un enfant rend inévitable.

1. Gérez votre ressentiment

Je parle là d'expérience. Permettez-moi de reprendre un extrait de mon journal écrit il y a de nombreuses années, car il a trait aux sentiments qui peuvent se mettre en travers de l'amour :

> « Ma vie s'est mise à ressembler à un train-train monotone, rendu encore plus difficile par les crises de colique du bébé. Elles semblaient se produire quotidiennement entre 23 heures et 3 heures du matin. Lors d'une nuit qui me parut interminable, alors que j'essayais de calmer les hurlements de mon enfant en marchant de long en large dans sa chambre, des larmes incontrôlables commencèrent à ruisseler sur mon visage. Lentement, je prenais conscience que fonder une famille n'était pas un jeu et que nous avions cessé de jouer au papa et à la maman. La réalité me frappa avec une force étourdissante.
>
> Les larmes ne cessaient de couler sur ma figure tandis que je continuais à tourner en rond avec mon bébé. J'essayais de calmer sa douleur et je me rendais compte qu'il n'y avait personne pour calmer la mienne. Mon mari avait ses responsabilités et moi j'avais les miennes. Je lui en voulais d'être endormi dans l'autre chambre pendant que j'essayais de calmer le bébé alors que j'étais moi-même épuisée. J'avais tellement envie qu'il prenne le relais, mais je ne pouvais pas lui demander de rester éveillé toute la nuit et d'aller travailler le lendemain. Et pour la première fois, je commençai à me considérer comme une "victime ". J'étais coincée à la maison et mise à l'écart de la vie extérieure. Curieusement, j'avais peu de ressentiment envers mon fils. Nous étions dans le même bateau. Nous étions tous les deux démunis et pathétiques.

> “Pauvres de nous, seuls ici-bas ”, pensai-je. Mon mari devint l’ennemi. »

Je suis consciente aujourd’hui que cette idée était totalement irrationnelle. Si j’avais su ce que je sais aujourd’hui, je me serais comportée en adulte et j’aurais remarqué que, si j’avais peu de contrôle sur mon fils en train de hurler ou mon mari endormi, *j’avais du contrôle sur ma réaction à ce qui se passait.* Je me serais dit :

> « Oui, je suis en colère. Je suis épuisée. Mais je sais que cela passera. J’ai besoin de me concentrer sur cette magnifique petite vie dans mes bras et de faire tout mon possible pour l’aider à devenir un adulte sain, heureux et responsable. Je dois me concentrer sur le fait que j’ai un mari généreux qui subvient à nos besoins. Je dois utiliser mon imagination pour trouver un moyen de profiter de mon enfant sans me couper du monde. »

Oui, j’ai fini par apprendre à « profiter de mon enfant sans me couper du monde ». Mais mon ressentiment initial pesa lourdement sur mon premier mariage. Et je découvris que le ressentiment ne recèle aucun pouvoir mais indique que l’on n’assume pas la responsabilité de sa vie. Je compris aussi que j’avais beaucoup à apprendre sur la façon de vivre dans la force et l’amour.

Bien entendu, les hommes ont aussi leurs sources de mécontentement après une naissance. Certains voient bébé arriver avec ravissement tandis que d’autres s’inquiètent de leur responsabilité financière. Certains aussi s’irritent de ne pas pouvoir passer plus de temps avec leurs enfants parce qu’ils n’ont pas d’autre choix que travailler dur ou n’apprécient pas que l’attention de leur compagne se détourne d’eux. Certains souffrent de la raréfaction des rapports sexuels qu’entraîne souvent une naissance. Oui, le sexe devient souvent secondaire quand bébé paraît. (Je développe ce sujet au chapitre 10.)

Face au bouleversement qu'apporte une naissance, l'homme et la femme doivent dépasser le ressentiment qu'ils éprouvent l'un envers l'autre pour faire preuve d'imagination et d'amour et rechercher des solutions aux problèmes qui fragilisent leur couple. Je vous conseille, chaque fois que vous en voulez à votre partenaire, de prendre simplement le miroir et de vous dire :

> « Ce n'est pas sa faute. Le moment est venu pour moi d'assumer la responsabilité d'avoir maintenant à m'occuper d'un enfant. J'ai besoin de mûrir et de donner à notre couple une vie riche et aimante, tout en répondant avec sérieux aux besoins de mon enfant. »

Ce genre d'attitude fait passer au premier plan la force et la créativité, et le ressentiment disparaît. Donc, n'oubliez pas : *ne vous trompez pas de responsable.* Votre conjoint n'a pas créé les difficultés. Et ce n'est certainement pas la faute de votre bébé. En replaçant la contrariété à sa vraie place – *la réalité de l'état de parent* –, vous devenez capable de voir votre partenaire avec plus de bienveillance.

Quand le ressentiment disparaît, vous pouvez de nouveau marcher main dans la main et résoudre en équipe les problèmes qu'apportent les enfants. La colère et le ressentiment, qui barrent le courant de l'amour, céderont, je l'espère, la place à la sensation que vous accomplissez ensemble une œuvre pleine de sens.

2. Battez-vous pour l'égalité

Alors que l'égalité entre hommes et femmes est généralement évidente au sein des couples sans enfant, le fait de devenir parents entraîne l'apparition de rapports inégalitaires. L'essentiel des soins aux enfants est généralement attribué aux mères. Certaines s'en réjouissent, d'autres en sont épouvantées.

Il est important que vous discutiez avec votre conjoint de la répartition des tâches sous peine que la joie d'élever un enfant ensemble se transforme en ressentiment. La créativité s'impose pour que les femmes qui désirent faire carrière ne perdent pas leur place dans le monde du travail et que les hommes ne se retrouvent pas frustrés de consacrer peu de temps à leur enfant.

Au fait, oubliez le mythe de l'amour « maternel ». Certaines femmes sont maternelles, d'autres pas. Certains hommes sont très « maternels », d'autres pas. En fait, dans nos sociétés modernes, les hommes sont de plus en plus nombreux à choisir de rester à la maison pendant que leurs femmes vont travailler. Ceux-là manifestent généralement un splendide amour « maternel ».

De même, certaines femmes connaissant une grande réussite professionnelle choisissent de changer d'emploi afin de travailler à temps partiel et de passer davantage de temps avec leurs enfants. Un jour viendra peut-être où un certain nombre de femmes et d'hommes connaissant une grande réussite professionnelle choisiront de changer d'emploi afin de travailler à temps partiel et passer plus de temps avec leurs enfants.

3. Créez des moments de solitude... ensemble

Pour des raisons évidentes, beaucoup de moments d'intimité disparaissent avec la venue d'un enfant. Une troisième personne est entrée dans le tableau... et de plusieurs manières. Comme je le décris dans *Freeing Ourselves of the Mad Myths of Parenthood,* si vous regardez autour de vous, vous voyez :

- Des mères subvenant aux besoins de leurs enfants – *pas de père en vue.*
- Des pères subvenant aux besoins de leurs enfants – *pas de mère en vue.*
- Des parents subvenant aux besoins de leurs enfants – *pas d'intimité en vue.*

Le tableau est très différent quand vous voyez :

- Des couples marchant bras dessus bras dessous, main dans la main, s'embrassant, bavardant, se câlinant, regardant le monde ensemble – *pas d'enfants en vue*[2].

Si vous ne me croyez pas, contentez-vous d'observer les gens. Les enfants – malgré eux – causent indubitablement de gros dégâts dans l'intimité que partageaient leurs parents avant leur arrivée.

Il est capital que vous passiez du temps avec votre conjoint, sans enfant. Malheureusement, on a tendance de nos jours à culpabiliser les parents s'ils ne consacrent pas toujours plus de temps à leurs enfants – ce qui veut dire qu'ils doivent passer toujours moins de temps seuls ensemble. Pourtant, dans un passé proche, les parents sortaient souvent seuls le soir ou partaient en vacances en amoureux pour régénérer leur intimité et leur passion. Aujourd'hui, les enfants les accompagnent trop souvent ! Je connais des couples qui n'ont pas confié leurs enfants à une baby-sitter pendant des années. Où est l'intimité ? Où est la vie amoureuse ? N'oubliez pas que *nourrir votre relation de couple est aussi important que nourrir vos enfants.* Les enfants finissent par partir ; votre but est d'empêcher votre partenaire (ou vous-même !) de partir !

Oui, vous devez vous occuper de vos enfants avec sérieux et amour, mais il existe de nombreux moyens d'y parvenir sans détruire votre relation de couple. Je crois qu'il est sain pour des enfants que plusieurs personnes s'occupent d'eux. Leur champ d'expériences s'agrandit et ils sont sécurisés de voir que beaucoup de gens ici-bas sont prêts à prendre soin d'eux avec affection[3].

Nourrices responsables, grands-parents enthousiastes et amis prêts à rendre service vous entourent de tous côtés. Je peux vous donner plusieurs exemples d'éducation menés parallèlement à une vraie vie de couple. Une femme a créé un groupe de baby-sitting dont les membres se relaient pour garder les enfants des autres. Une mère d'enfants d'âge scolaire m'a confié qu'elle retrouvait son mari pour des rendez-vous romantiques l'après-midi pendant que ses enfants étaient à l'école. Alors, faites preuve d'imagination pour nourrir l'intimité de votre relation amoureuse !

4. Gérez votre fatigue

Vous avez besoin, vous et votre partenaire, de repos pour assumer toutes les responsabilités d'une vie d'adultes et de parents. Or, la fatigue découlant de l'attention exigée par des enfants en bas âge fragilise la relation de couple. Trouvez de l'aide. Encore une fois, vous n'avez pas à tout faire seuls ; c'est même déconseillé. Hillary Clinton a rappelé avec beaucoup de sagesse qu'« il faut tout un village pour élever un enfant »[4]. Nous nous en tirons tous mieux quand nous puisons aux nombreuses sources d'enrichissement et d'expérience à notre disposition et à la disposition de nos enfants.

5. Ne vous disputez pas sur la manière d'élever un enfant... Peut-être avez-vous raison ; peut-être avez-vous tort ?

Ce que j'ai à dire risque de vous surprendre. Chaque enfant est différent. Donc, une même méthode ne marche pas avec tous les enfants. En outre, de nombreux facteurs extérieurs à la famille affectent l'évolution d'un enfant. J'appelle ces facteurs « le cercle d'être » d'un individu. Ce cercle d'être inclut les gènes, les amis, la société, les enseignants, etc[5]. Une fois de plus, les experts ne savent pas tout. De mon point de vue, celui qui affirme qu'il *sait* comment obtenir un enfant sain, est mal informé et doit retourner à l'école. Certains deviennent, malgré une enfance épouvantable, des adultes formidables ; tandis que d'autres, apparemment plus gâtés, tournent mal !

Donc, si vous n'êtes pas d'accord avec certains comportements de votre conjoint – par exemple, si vous le trouvez trop indulgent alors que vous êtes plus strict –, gardez à l'esprit que vous avez peut-être raison ou peut-être tort. Les certitudes en matière d'éducation sont rares, aussi ne vous opposez pas là-dessus. Faites simplement de votre mieux. Et laissez votre partenaire faire de même.

6. Ne culpabilisez pas si vous avez des difficultés avec votre enfant et/ou votre conjoint

Les parents parlent rarement des problèmes causés par l'arrivée d'un enfant. Ils préfèrent prétendre que tout va bien. J'appelle cela « la conspiration du silence ». Pourtant, tout ne va pas pour le mieux dans le meilleur des mondes ! J'en veux pour preuve certains des entretiens que j'ai eus quand je préparais mon livre *Freeing Ourselves of the Mad Myths of Parenthood*. Alors que presque toutes les personnes interrogées ont commencé par dire combien le fait d'être parents les rendaient heureuses, beaucoup se sont troublées, voire se sont mises à pleurer quand j'ai posé des questions plus précises.

Si être parent est difficile pour vous, je vous suggère de dire la vérité ; votre franchise permettra à d'autres de parler des difficultés qu'ils rencontrent. En parlant de vos difficultés, votre culpabilité disparaîtra et des solutions apparaîtront. Apprenez également tout ce que vous pouvez de ceux qui semblent avoir bien réussi. Demandez-leur comment ils ont fait pour élever leurs enfants et sauver leur couple. Croyez-moi, quand on cherche (des solutions), on trouve.

L'argent

L'argent peut causer de graves dommages à la relation amoureuse. Pour la plupart d'entre nous, l'argent est un sujet d'inquiétude et de dispute et certaines relations de couple sombrent à cause de lui. Une fois encore, la peur est au cœur de la plupart des problèmes liés à l'argent. Elle provoque anxiété, déception, ressentiment et colère. Certains affirment que l'argent est la plus grande cause de divorce. Peut-être est-ce vrai ; peut-être est-ce faux ? Une chose est sûre : les questions financières peuvent être très difficiles à régler.

L'argent révèle des problèmes de respect de soi-même, de contrôle, de survie, d'attentes inadaptées... et un profond manque d'assurance. Notre éducation est en partie responsable de notre attitude malsaine par rapport à l'argent. Les hommes ont été socialement formés à subvenir aux besoins de la famille et les femmes à dépendre d'un homme. Aujourd'hui encore, après que les femmes ont investi le monde du travail, les schémas anciens ont la vie dure et peuvent fragiliser l'amour.

Dans l'idéal, les membres du couple doivent fonctionner en partenaires par rapport à l'argent. Il est vraiment utile de parvenir à avoir une stratégie commune. Mais vous pouvez aussi régler beaucoup de choses seul. Les suggestions suivantes vous aideront peut-être à régler vos problèmes avec l'argent : **Assumez votre responsabilité.**

Cela veut dire :

• Réunissez toutes les informations sur l'argent en général et sur la situation financière de votre couple, afin de disposer d'une vue complète si une difficulté survient.
• Si vous dépensez trop (et, honnêtement, vous savez si c'est le cas), arrêtez. Ce comportement est injuste envers vous-même comme envers votre partenaire. Je connais une femme qui, après avoir jeté par les fenêtres des sommes absolument scandaleuses, a reproché à son mari, quand des problèmes ont commencé à se poser, de ne pas l'en avoir empêchée ! C'est vrai que son mari aurait dû limiter les achats compulsifs de sa femme et l'arrêter, mais il l'aimait et voulait la voir heureuse. La solution ? Chaque membre du couple doit assumer la responsabilité de son rôle personnel dans le désastre financier, puis travailler avec l'autre au rétablissement de la situation.
• Si votre partenaire est dépensier alors que vous souhaitez économiser, vous devez en discuter avec lui. Je connais des couples qui se sont retrouvés avec des découverts vertigineux parce que l'un des partenaires ne parvenait pas à contrôler ses dépenses. Malheureusement, ils étaient tous les deux responsables du paiement. Si votre conjoint refuse de prendre votre bien-être en considération, le moment est venu de songer à sortir d'une situation qui vous nuit.
• Restez toujours en mesure de vous assumer financièrement. Les parents au foyer ont besoin de rester performants dans leur profession afin de se remettre à gagner de l'argent si nécessaire. Ne laissez pas toute la pression à votre partenaire. Les deux membres d'un couple doivent se soutenir mutuellement. Savoir que l'autre est capable d'assumer sa survie est un atout majeur dans une relation amoureuse.

Normalement, quand vous commencerez à essayer de comprendre vos relations avec l'argent et à agir d'une manière responsable, votre partenaire en fera autant. Les questions d'argent doivent être traitées en association. Je connais beaucoup d'hommes et de femmes qui laissent leurs conjoints s'occuper de la gestion de l'argent du ménage et qui n'ont pas la moindre idée de leur situation financière. Une telle attitude révèle un manque de sagesse qui peut être lourd de conséquences pour l'avenir de la relation.

Les hommes ont tendance à culpabiliser s'ils n'arrivent pas à subvenir aux besoins de la famille. Ils éprouvent aussi un sentiment d'impuissance s'ils perdent un emploi et n'en trouvent pas rapidement un nouveau. Ils en souffrent. En même temps, certaines femmes (Dieu merci, c'est en train de changer) considèrent que leur homme est un incapable s'il ne gagne pas assez d'argent. Cette combinaison peut être fatale au couple en cas de difficultés financières.

Dans le monde d'aujourd'hui, ce mode de pensée est vraiment dépassé. Prenez le miroir et demandez-vous : « Pourquoi suis-je en train de laisser mon conditionnement à propos de l'argent me bloquer dans le passé ? » Décontractez-vous en vous disant que vous devez *tous deux* subvenir aux besoins du ménage.

Voici un parfait exemple de la sérénité que peut apporter cette connaissance. Un jeune homme s'était lancé dans une entreprise commerciale avec beaucoup d'inquiétude. Il avait investi une grosse somme qu'il avait économisée avec sa femme (celle-ci avait en effet participé à la décision) et avait très peur de manquer d'argent. Il dit aujourd'hui qu'il aurait renoncé sans le soutien de son épouse. Bien qu'elle admît avoir elle-même des craintes, sa capacité à remonter le moral de son mari reposait sur sa certitude d'avoir un revenu suffisant pour leur faire passer le cap à tous les deux.

Nous avons tous besoin de savoir que nous sommes capables de subvenir à nos besoins financiers. Que vous soyez un homme ou une femme, entretenez vos compétences professionnelles si vous avez décidé de rester à la maison pour vous occuper des enfants. Vous bénéficierez ainsi de la sécurité de savoir que vous pourrez assumer les charges financières du ménage si votre conjoint perd son emploi. Choisir de quitter son emploi pour s'occuper des enfants a des effets dévastateurs sur les revenus du ménage et sur les perspectives de carrière. Si vous êtes soucieux à propos de l'argent, je vous déconseille de faire le choix de rester à la maison. Vous devez assumer la responsabilité de votre vie et ne pas vous décharger de vos inquiétudes sur votre partenaire.

Voici d'autres suggestions :

- *Si votre conjoint obtient un nouvel emploi génial* : montrez-vous positif et prenez soin de ne pas laisser votre propre manque d'assurance se mettre en travers de sa route. (Malheureusement, certaines personnes se sentent très menacées quand leur partenaire évolue.) N'oubliez pas de ne pas vous dévaloriser afin de prendre plaisir à la chance de votre compagnon – qui est aussi la vôtre.
- *Si votre partenaire perd son emploi* : contrôlez vos propres angoisses à propos de l'argent afin de ne pas ajouter à sa détresse. Tenez-vous toujours prêt à prendre le relais.
- *Si l'un de vous deux dépense trop d'argent* : les dettes créent d'énormes problèmes dans une relation amoureuse. Recourez à une assistance professionnelle si l'un de vous deux se montre incapable de cesser de dépenser. Consultez des experts financiers afin d'établir un plan efficace pour assurer le retour à l'équilibre.
- *Si l'un de vous deux obtient un emploi intéressant dans une autre région* : sachez qu'un déménagement provoque parfois beaucoup de mécontentement et de confusion dans une

famille. Prenez la décision d'aborder votre nouveau foyer de façon positive. Si vous n'acceptez pas la joie et l'exaltation qu'un déménagement peut apporter, vous risquez de manquer une occasion importante d'apprendre... Et vous courez aussi le risque de nuire à votre couple.

• *Si l'un de vous deux a un travail très prenant* : dans l'idéal, passer le plus de temps possible ensemble doit être la priorité de ceux qui partagent leur vie. Mais parfois, surtout depuis quelques années, l'emploi de l'un ou des deux exige de longues heures de présence. Si vous êtes dans ce cas, trouvez des moyens d'entretenir constamment le lien, grâce au téléphone, aux e-mails, aux textos, à de longs câlins le soir, à des vacances enrichissantes, etc. Faites preuve d'imagination pour passer du temps réel ou virtuel ensemble.

En conclusion, si l'argent peut être un sujet épineux dans une relation amoureuse, il peut aussi offrir l'occasion de se rapprocher encore davantage. Encore une fois, profitez de toutes les occasions pour apprendre à devenir une personne plus aimante. Avec un tel point de vue, le « problème » de l'argent peut se transformer en formidable opportunité.

J'ai évoqué dans ce chapitre quelques-unes des expériences de la vie quotidienne qui peuvent se mettre en travers de l'amour. Elles sont malheureusement beaucoup plus nombreuses. Mais quelle que soit la situation que vous deviez affronter, je vous conseille d'avoir à l'esprit les règles fondamentales énoncées ci-après.

1. Tout événement est une opportunité d'apprendre et de progresser.
2. Ne rejetez pas la faute sur votre partenaire. Assumez la responsabilité de vos réactions.
3. Faites preuve d'imagination en apprenant à vous respecter tout en respectant votre partenaire.

4. Cherchez à en savoir plus sur tout ce qui peut fragiliser votre relation : consultez des livres ou des conseillers, participez à des séminaires ou à des groupes d'entraide. Bref, apprenez tout ce que vous pouvez.
5. *Agissez* pour modifier ce qui ne va pas.
6. Renforcez votre amour-propre. Avoir une haute estime de soi permet d'aimer et de respecter son conjoint tout en s'aimant et en se respectant.
7. Rappelez-vous votre mantra du but supérieur : « Tout se passe à merveille. Quoi qu'il advienne dans ma vie, je ferai face. J'en tirerai un enseignement. Je progresserai. Je le transformerai en victoire ! »

Votre objectif est le suivant : vous devez identifier un problème potentiel, intervenir et en faire une source de progrès. En toutes circonstances, plongez le regard dans votre fidèle miroir et demandez-vous : « Suis-je en train de laisser mes besoins contrôler cette relation amoureuse ou suis-je en train de permettre à mon cœur de tenir la barre ? » Vous êtes le seul à connaître la réponse. Si vous estimez que vous êtes en train de rejeter la faute sur l'autre et de ne pas assumer votre responsabilité, soyez certain que vos besoins vous mettent des bâtons dans les roues. Si vous soutenez votre compagnon tout en sentant que vous possédez force et amour, vous savez que votre cœur mène la danse.

Nous ne pouvons pas laisser la vie se mettre en travers de l'amour. Nous devons nous engager à faire de notre relation de couple une priorité. Le besoin de se sentir aimé est essentiel dans un mariage, mais savoir aimer est aussi important. Toutes les relations connaissent des périodes de changement et d'ajustement ; mais, en prenant le miroir, vous trouverez un moyen de garder votre sérénité et d'avoir plus de compassion pour la personne aimée. De cette manière, l'amour grandit... grandit... grandit.

Chapitre 9
Confiance donnée et confiance reçue

« Plus la vie est riche, plus la peur est faible. »

Susan Jeffers

La confiance intervient dans de nombreux aspects d'une relation de couple, mais je veux me limiter ici à ce qui lui cause le plus de ravages : l'infidélité. Découvrir que l'autre a une liaison est extrêmement destructeur. Dans nos sociétés occidentales, l'infidélité est la trahison suprême. L'être aimé nous porte un coup terrible au cœur. « Comment a-t-il pu faire ça ? »

C'est effectivement une bonne question. On peut avoir une liaison pour toutes sortes de raisons : le besoin de vérifier son pouvoir de séduction, une vie sexuelle insatisfaisante, une distance croissante avec son compagnon, une intimité mise à mal par l'arrivée des enfants, etc. *En clair, une liaison est un moyen d'échapper à des problèmes personnels ou de couple que l'on répugne à affronter.*

Au fait, ne croyez pas que l'infidélité fait partie de la nature masculine et que maintenir le foyer est une caractéristique féminine. Dans le monde actuel, femmes et hommes semblent être à égalité ! Les femmes ont quitté leur foyer pour travailler à l'extérieur et, selon certaines études, elles seraient aussi nombreuses, voire plus nombreuses que les hommes à tromper leur conjoint. Après tout, les hommes et les femmes viennent peut-être de la même planète ! Selon les statistiques actuelles, 50 % des hommes ont des aventures et 50 % sont fidèles ; les pourcentages sont identiques pour les femmes. La connaissance de ces statistiques nous conduit automatiquement à nous poser la grande question suivante : « Mon partenaire fait-il partie des 50 % d'hommes (ou de femmes) fidèles ? » J'aimerais sincèrement qu'une réponse à une telle question existe. Je peux et vous pouvez peut-être avoir confiance en votre partenaire et croire qu'il ne vous trompe pas ; ou peut-être pas. Qui peut prédire l'avenir ? Qui peut prédire le comportement d'un autre individu ? Personne.

Je sais que vous aimeriez avoir une certitude. Malheureusement, vous n'avez aucune garantie du comportement de votre partenaire. Vous ne pouvez savoir ce qu'il fera ou ce qu'il ne fera pas, comme vous ne pouvez savoir ce que vous ferez ou ne ferez pas. Mais puisque nous parlons de la confiance, vous avez tout de même une garantie d'une espèce différente – *la garantie suprême* :

> **La seule chose dans laquelle vous pouvez réellement avoir confiance, c'est votre capacité à faire face à ce que quiconque vous inflige.**

Je viens de vous annoncer une grande nouvelle, même s'il vous est peut-être difficile d'en prendre la mesure tout de suite ! Je viens de vous montrer le chemin menant à la sérénité. Vous n'avez plus à vous soucier de savoir si vous pouvez ou non faire confiance à votre partenaire mais à développer en vous une sensation de force et d'amour qui vous permet de savoir, au plus profond de votre être, que, quoi qu'il arrive, vous ferez face. Acquérir suffisamment de confiance en soi fait disparaître la peur. Et quand la peur disparaît, vous développez votre capacité d'entretenir des rapports beaucoup plus aimants – ce qui diminue d'autant la probabilité que votre partenaire ait une liaison. Tout cela tient debout, non ?

Beaucoup d'experts – je le sais – parlent de l'importance d'avoir une confiance totale dans le conjoint. Je reconnais qu'un certain niveau de confiance est utile. Après tout, il est normal de souhaiter que votre partenaire vous soit fidèle. Pourtant, je connais quelqu'un qui a trouvé sa fiancée au lit avec un autre homme quelques semaines avant les noces et qui a choisi de se marier malgré tout avec la femme infidèle ! Alors la confiance est-elle la clé d'une relation réussie ? Je crois qu'il est plus important de savoir que vous êtes capable d'affronter n'importe quoi, y compris l'infidélité de votre partenaire, que de cultiver votre confiance en l'autre. Si vous atteignez ce niveau d'assurance, l'harmonie et l'échange se développeront dans votre relation au détriment du soupçon et de la jalousie. Et – je le répète – avoir confiance en soi et ne pas avoir peur permet d'avoir des rapports plus aimants – ce qui favorise la fidélité – des deux côtés ! Quand l'intimité et l'affection règnent à la maison, l'éventualité qu'un membre du couple aille chercher ailleurs diminue.

Il existe quelques outils performants pour acquérir cette assurance : j'en ai décrit la plupart dans mes livres précédents. Permettez-moi d'en évoquer quelques-uns ici et de vous rappeler leur importance dans tous les domaines.

1. Dotez-vous d'une vie personnelle riche et équilibrée

Comme vous l'avez appris au chapitre 5, quand vous avez une vie riche et équilibrée, vous serez moins dévasté si votre vie amoureuse tourne mal. Entourez-vous d'amis sûrs, ayez le sentiment de contribuer au bien-être de la collectivité, cherchez à avoir un emploi satisfaisant, consacrez du temps à vos loisirs et cultivez un sentiment de gratitude pour tous les bienfaits que la vie vous donne. Plus important encore : vous devez vous investir à cent pour cent dans chacun de ces domaines en sachant que vous comptez.

Vous devez avoir la certitude absolue que VOTRE VIE EST IMMENSE ! Cette conviction profonde vous permet de dire :

> « Mon conjoint est une part très importante de ma vie, mais il n'est pas toute ma vie. Je sais que mes intérêts lui tiennent à cœur mais je sais aussi que je continuerai à avoir une vie riche et belle si, pour une raison ou une autre, notre relation prend fin. »

Je vous invite à répéter plusieurs fois cette déclaration. Vous éprouverez bientôt une sensation de paix qui fera disparaître la dépendance et augmentera votre capacité à vous détendre et à aimer votre partenaire librement et joyeusement – ce qui, je le répète, contribue à préserver la fidélité des deux partenaires.

2. Rappelez-vous le pouvoir des affirmations

Une affirmation est une puissante déclaration positive qui, répétée suffisamment souvent, peut remplacer la négativité de vos pensées. Quand je commence à psalmodier l'une de mes affirmations favorites, je sens mon corps se détendre et mon cœur se dilater. Je voudrais partager avec vous quelques-unes de mes affirmations préférées au sujet de la confiance en soi face à la vie :

> « Je lâche prise et j'ai foi : tout se passe à merveille.
> Avec détermination, j'assume la responsabilité de ma vie.
> Je touche... et ma vie est touchée. »

Si vous répétez plusieurs fois ce type d'affirmations puissantes, la peur sera remplacée par la paix. Le secret consiste à les dire suffisamment souvent – par exemple, dix fois le matin et dix fois le soir – pour qu'elles imprègnent votre esprit comme des notes de musique. Il s'agit simplement d'essayer de remplacer les pensées négatives à l'origine de la peur par des pensées positives qui apportent la sérénité et la confiance dans l'avenir.

3. Oubliez les conséquences

Nous entamons une relation amoureuse avec l'espoir qu'elle durera « jusqu'à ce que la mort nous sépare ». Mais il n'en va pas toujours ainsi. Les statistiques de divorce ou le nombre de ruptures chez les concubins en attestent. Pour mieux affronter ce que l'avenir vous réserve, vous devez renoncer à nos attentes, c'est-à-dire arrêter « d'avoir à cœur ». Vous faites de votre mieux, mais vous devez *régulièrement* vous souvenir de la chose suivante :

« Quoi qu'il advienne, je peux faire face ! »

Il faut avoir quelque chose à cœur pour que votre cœur soit facile à briser. Quand vous cessez « d'avoir à cœur », vous devenez libre de faire face d'une manière constructive à tout événement qui affecte votre relation amoureuse – ou d'autres domaines de votre vie. Plus vous vous sentez fort, moins vous vous inquiétez pour l'avenir.

Pour en apprendre davantage sur les moyens de dominer votre peur, je vous suggère de lire *Tremblez mais osez !, Feel the Fear... and Beyond* et *La Vie à bras-le-corps.*

« Susan, que feriez-vous si vous appreniez que votre mari a une liaison ? » Bonne question. Tout d'abord, permettez-moi de la mettre en perspective. Au cours de mon premier mariage, mon époux et moi avons tous les deux eu des aventures. Je mets celles-ci sur le compte de notre jeunesse, de notre stupidité, de notre dépendance, de notre manque d'assurance et du fait que nous vivions principalement dans le *moi* inférieur. Nous avions beaucoup à apprendre ! Je n'ai pas l'intention de tromper mon mari actuel car j'ai beaucoup progressé depuis mon premier mariage et j'ai conscience de la douleur intense provoquée par une liaison. Je n'ai aucune envie d'infliger à Mark ou à moi-même une telle souffrance.

Mais pour répondre à votre question, je dirai que je romprais même si je ne peux connaître mes réactions à l'avance. Je veux vivre principalement dans le *moi* supérieur et respecter mes engagements. Et je veux vivre avec un homme qui agit de même. Une liaison signifierait que des besoins déplacés entravaient son amour pour moi, et je le quitterais – avec amour. Je ne prétends pas que je n'aurais pas le cœur brisé au début. Après tout, je suis humaine ! Mais je ne doute pas que j'atteindrais l'autre rive et reprendrais le cours d'une belle vie.

Je suis sûre que vous connaissez, comme moi, des gens qui ont fait un choix différent. Ils ont choisi, malgré l'infidélité de l'un ou de l'autre, de rester ensemble et de travailler sur leur relation. Et certains voient leurs efforts porter beaucoup de fruits. En général, ces couples ne reviennent jamais à la situation antérieure ; ils repartent de zéro et règlent lentement les problèmes à l'origine de l'infidélité. En se donnant de la peine, il est possible d'arriver à des résultats remarquables. Finalement, après avoir dépassé la colère et le chagrin, certains parviennent à établir une merveilleuse entente.

D'autres personnes choisissent de rester ensemble dans des conditions qui me paraissent absurdes. J'ai récemment entendu parler d'une femme qui s'est aperçue que son mari la trompait depuis plus de vingt ans. Elle subit un choc affreux ! Le mari pensait que son infidélité ne serait jamais découverte et affirma n'avoir jamais songé à lui faire du mal. Personnellement, je ne comprends pas comment il pouvait imaginer qu'avoir des liaisons pendant la majeure partie de leur longue vie commune ne blesserait pas sa femme. Cette dernière a accepté la vision de son mari et a choisi de ne pas rompre. Elle trouve très noble de pardonner. J'en conviens, pardonner est noble – et nécessaire – *mais pardonner ne signifie pas qu'il faille rester dans une relation basée sur la trahison.* Le temps dira si le couple tiendra ou pas.

Je soupçonne qu'une grande partie de ceux qui restent malgré l'infidélité n'agissent pas par amour mais par peur de rompre parce qu'ils se disent :

> « Je ne trouverai personne d'autre.
> Il/elle est un trop beau parti.
> J'ai peur de la solitude.
> Je n'ai pas les moyens de partir. »

Etc.

Manifestement, ces personnes ont besoin de gagner en assurance pour fonder leur décision de rester avec leur partenaire sur une raison saine plutôt que sur une peur ou une raison malsaine. Accepter l'inacceptable tue l'esprit. Pardonner est important, mais vous n'avez pas à partager la vie de quelqu'un qui ne mérite pas votre amour.

Si vous avez été trompé, que vous optiez pour la rupture ou que vous choisissiez de donner une autre chance à votre couple, voici quelques suggestions pour gérer le sentiment de trahison.

• Fixez votre attention sur les bons côtés de la relation. Les gens qui se séparent pensent trop souvent qu'ils ont gâché une partie de leur vie. Mais tout n'était pas mauvais dans votre couple. Vous avez un sentiment de gâchis parce que vous cherchez à oublier ce qui fut positif.

• Tâchez de vous libérer de la colère. Il est compréhensible que la colère – et même la fureur – vous envahisse, mais ne la laissez pas dévaster votre vie. Vous l'apaiserez plus facilement en vous concentrant sur le fait que tout être humain n'agit pas toujours avec amour quand ses propres angoisses prennent le dessus. Votre partenaire, comme tout le monde, fait de son mieux et commet parfois des erreurs. Comprendre les failles de l'autre permet de garder le cœur ouvert. Cela ne signifie pas que vous devez poursuivre la relation mais que vous pouvez quitter l'autre avec de l'amour dans le cœur. (J'ai vu trop de gens rester avec de la haine dans le cœur. Beurk !)

• Si vous décidez de rompre, prenez conscience que cette séparation vous offre une occasion de vous construire une vie nouvelle et riche. Si vous décidez de rester avec votre partenaire, prenez conscience que vous avez l'occasion d'approfondir votre connaissance de l'amour dans le contexte de ce couple. Dans les deux cas, plongez le regard dans le miroir pour évaluer le rôle que vous avez joué dans la dégradation des rapports avec votre partenaire, non pour vous punir mais pour distinguer ce que vous devrez modifier à l'avenir.

• Ce qui nous sauve – corps, esprit et âme –, c'est de savoir que, tout en aimant nos conjoints, nous sommes entiers sans eux. Cette idée est extrêmement libératrice. Bien sûr, panser la blessure causée par une rupture prend du temps, mais il est incroyablement libérateur d'avoir la certitude que la vie continue et qu'un jour on aimera à nouveau.

• Apprendre que l'on a été trompé cause une blessure profonde. Mais si vous voulez commencer une nouvelle vie d'amour avec votre partenaire actuel, avec quelqu'un d'autre ou seul, vous devez gérer votre douleur, votre humiliation et votre colère. Vous devez avancer et non regarder en arrière avec regret. Comme je le dis dans *Opening our Hearts to Men :*

> « Quand nous traversons la douleur en regardant en arrière, nous sommes pris dans les sables mouvants du désespoir et du regret. Nous désirons ce qui fut, pas ce qui pourrait être. Mais nous aurons beau faire, nous ne pouvons pas revenir sur nos pas. Mieux vaut donc nous retourner et aller de l'avant. »[1]

C'est là un moyen splendide de maîtriser vos réactions et de ne pas entrer dans le rôle de la victime. En allant de l'avant, vous devez vous montrer résolu et garder en tête votre filet de sécurité :

> « J'ai confiance en ma capacité à faire face, avec élégance, force et amour, à tout ce qui se produit dans ma vie. »

Il est normal de fermer votre cœur quand une personne vous fait du mal, mais lui ouvrir à nouveau avec le temps est un cadeau que vous vous faites à vous-même. Cela ne signifie pas que vous devez poursuivre la relation mais que vous parvenez à regarder au-delà du comportement blessant l'être qui, pour une raison quelconque, ne sait pas être fidèle à lui-même – ou à son conjoint.

Considérons maintenant l'autre côté de l'équation. Et si *vous* étiez tenté d'avoir une liaison ? Hum ! Manifestement, vous ne savez pas non plus comment être fidèle à vous-même ou à votre partenaire. Et vous courez en outre le risque d'attraper (et de transmettre) le sida ou d'autres maladies sexuellement transmissibles. Il est impossible de se sentir bien dans sa peau en commettant une trahison aussi grave de son engagement. Visiblement, il s'agit d'une situation où des besoins égoïstes se mettent en travers de l'amour.

Malheureusement, quand nous avons envie d'être infidèles, nous avons souvent tendance à en rejeter la responsabilité sur l'autre :

> « Il/elle ne me donne plus l'impression d'être unique.
> Il/elle ne m'attire plus.
> Il/elle travaille tout le temps.
> Il/elle ne me comprend pas. »

Et ainsi de suite. C'est peut-être vrai, mais une liaison n'est pas la réponse. *La réponse consiste à s'attaquer au problème.*

Une fois de plus, votre miroir vous indiquera la voie à suivre. Croyez-moi, travailler à resserrer les liens fera pratiquement disparaître la tentation d'avoir une aventure. Bien entendu, vous continuerez à pousser des « Oh ! » et des « Ah ! » en voyant des membres séduisants du sexe opposé, mais vivre une étroite relation de couple réduit considérablement la probabilité d'abuser de la confiance de son partenaire. C'est du moins l'expérience que j'ai avec Mark. En fait, la meilleure solution consiste à glisser les « Oh ! » et les « Ah ! » dans votre relation de couple de manière à ce que personne n'ait envie d'aller voir ailleurs.

Enfin, si l'idée d'avoir une liaison vous traverse l'esprit, prenez le miroir et demandez-vous : « Comment est-ce que je me sentirais si mon partenaire avait une liaison ? » Votre réponse devrait vous mettre dans la bonne direction.

Leçons d'amour

1. Augmentez vos chances

Oui, nous pouvons succomber à la tentation, et nos conjoints aussi. Pour diminuer les risques d'infidélité, vous devez consacrer beaucoup d'efforts à la création d'un contexte attrayant qui réduira les envies de nouveaux horizons. Il va de soi qu'être colérique, critique, égocentrique et revêche n'incitera pas votre partenaire à vous rester fidèle. Que feriez-vous à sa place ? Vous augmentez considérablement vos chances en créant un environnement enthousiaste, chaleureux, tendre et plaisant quand vous êtes en compagnie de votre conjoint. Gardez toutefois à l'esprit que, même si vous faites de votre mieux pour vous montrer aimant, l'autre peut tout de même avoir une liaison. Cela arrive parfois. Mais vous savez que, d'une manière ou d'une autre, vous ferez face.

2. Révisez les leçons du chapitre 5

Elles s'appliquent toutes, ici. En voici une version résumée.

- Intégrez à votre vie le mantra du *moi* supérieur :

> « Tout se passe à merveille. Quoi qu'il advienne dans ma vie, je ferai face. J'en tirerai un enseignement. Je progresserai.
> Je le transformerai en victoire ! »

- Ne vous perdez pas dans une relation amoureuse ; et si vous êtes déjà perdu, retrouvez-vous. Un moyen d'y parvenir consiste à développer une vie personnelle riche et équilibrée de manière à ne pas être anéanti par la disparition d'un élément de cette vie.

• Transformez vos addictions de contrôle en préférences. Oui, vous préférez que votre partenaire soit fidèle, mais s'il vous trompe, vous trouverez un moyen de faire face ! C'est votre garantie de continuer à mener une vie heureuse.

Chapitre 10
La clé d'une vie sexuelle sans fin

« Le sexe est l'une des neuf raisons qui plaident en faveur de la réincarnation. Les huit autres sont sans importance. »

Henry Miller

Pour beaucoup de gens, le sexe est l'un des grands plaisirs d'une relation amoureuse. Pour beaucoup d'autres, le sexe est décevant. Ceux qui souffrent d'insatisfaction sexuelle ne parlent pas généralement de leurs problèmes. Ils reconnaissent avec difficulté que ce domaine important de leur vie de couple n'est pas satisfaisant. Passons rapidement en vue les problèmes les plus répandus. Certaines femmes ont des difficultés à atteindre l'orgasme et certains hommes ont du mal à avoir ou à garder une érection. Les deux partenaires n'ont pas le même tempérament : par exemple, l'un d'eux a des désirs beaucoup plus importants que l'autre. La vie quotidienne, le manque de temps et d'énergie, la difficulté d'avoir du temps à soi et du temps à deux tuent le désir. Si le sexe pose problème dans votre relation amoureuse, je suis sûre que ce qui suit va lui donner un coup de fouet...

Permettez-moi de commencer par le commencement. Nos premiers contacts sexuels avec notre partenaire sont souvent animés par une intense attraction physique – ce que Judith Sherven et James Sniechowski appellent « le sexe-fusée »[1] ! Je vous garantis que ces rapports passionnés où les mains volent toutes seules ne dureront pas éternellement. (Relisez le chapitre 1.) Ils peuvent néanmoins évoluer vers une autre forme merveilleuse de sexualité, fruit d'une intimité grandissante et d'un engagement profond à s'aimer mutuellement.

Tant de choses ont été écrites sur le sexe et il en reste tant à écrire. Des milliers de livres, des multitudes d'articles de presse et, désormais, les immenses ressources de l'Internet sont disponibles pour conseiller célibataires et couples mariés désirant améliorer leur vie sexuelle, satisfaire son partenaire au-delà de ses rêves les plus fous et essayer les dernières techniques et les derniers instruments en vogue. Ces suggestions peuvent parfois épicer une vie sexuelle endormie. Mais elles ont en général peu de rapport avec l'essence de l'amour durable – et du sexe durable. Leurs promoteurs oublient qu'une véritable intimité et un cœur aimant sont les meilleurs ingrédients d'une vie sexuelle réussie.

Si vous connaissez une véritable intimité avec votre partenaire, vous aimerez « jusqu'à ce que la mort vous sépare » le son de sa voix, le contact de sa peau et de ses doigts et tout ce qui nourrit une expérience sexuelle satisfaisante. Une vie sexuelle harmonieuse ressemble beaucoup à l'image globale de l'amour que se portent les deux amants. Je pourrais ajouter que, dans de nombreux couples, le sexe n'est pas un problème parce que les deux personnes ont fondé un partenariat aimant et épanouissant sans avoir d'exigence dans ce domaine. Mais je suis prête à parier que la plupart des relations heureuses et durables s'appuient dans une certaine mesure sur une vie sexuelle épanouie. Comme le dit Michele Weiner-Davis :

> « Le sexe est un élément extrêmement important du mariage. Quand il se passe bien, il offre aux membres du couple l'occasion de donner et de recevoir du plaisir physique, d'établir un contact affectif et spirituel. Il développe la proximité, l'intimité et un sentiment de partenariat. Il distingue leur relation de toutes les autres. Le sexe est un lien puissant et qui engage. »[2]

Le sexe dans une relation amoureuse ne cesse d'évoluer pour prendre des formes nouvelles et normalement plus intimes. Après le délicieux enchantement des premiers temps, les rapports finissent par redescendre sur Terre, acquérir de la familiarité et devenir ce que certaines personnes appellent « une routine ». Selon la présomption générale, le sexe « routinier » est ennuyeux et inintéressant, mais laissez-moi vous dire que cela n'a rien d'obligatoire. Le terme *routine* s'applique d'habitude à des actions accomplies toujours de la même manière – ce qui peut relever : 1) de la monotonie, 2) du rituel. Maintenir la routine du côté du « rituel » plutôt que de la « monotonie » ouvre la voie à une expérience sincèrement merveilleuse. Les rituels du sexe aimant sont délicieux. Il en va ainsi parce qu'au bout d'un moment, un couple, sauf anomalie, élimine ce qui ne marche pas pour ne garder que ce qui fonctionne. Et le sexe « routinier » est composé de « ce qui fonctionne ». Où est le mal ?

En vérité, l'essentiel de la « routine » dans une relation amoureuse est constitué de moments spéciaux, ces rituels à deux qui deviennent si précieux : les câlins avant de s'endormir, les repas en tête-à-tête, les sorties au restaurant favori, les émissions regardées ensemble à la télévision... et la manière dont on fait l'amour. Rassemblez tous ces rituels (routines) et vous avez l'essence d'une belle vie commune. Dissipons donc l'idée erronée que la « routine » est nécessairement mauvaise. Elle peut être le matériau de construction de formidables relations de couple.

Cela ne signifie pas qu'il est impossible d'introduire de petites variations dans l'acte sexuel afin de l'épicer, mais elles n'ont pas besoin d'être importantes. Il est délicieux de repousser très légèrement les limites : faites de minuscules modifications de la position, de l'endroit où vous placez vos mains, vos bras ou vos jambes, de la manière dont vous respirez ou soufflez sur son corps, dont vous l'embrassez. Pendant l'acte d'amour, quand vous partagez à deux la passion qu'offre cette merveilleuse intimité, chaque nuance, chaque subtilité peut augmenter votre jouissance et celle de votre partenaire. Ces minuscules ajustements physiques s'additionnent avec le temps pour rendre l'acte sexuel toujours meilleur.

Il va sans dire – mais je le dis quand même – que vous devez expliquer à l'autre ce qui vous donne du plaisir. Si quelque chose vous dérange dans vos rapports sexuels, vous devez, afin de protéger votre intimité, en parler sur un mode aimant à votre partenaire. Les problèmes mineurs liés à la technique sont faciles à régler et il n'y a pas de raison de ne pas s'en occuper. *Votre partenaire n'est pas télépathe.* Si vous ne le lui dites pas, il n'a aucun moyen de savoir si quelque chose vous est ou non agréable.

La majorité des hommes et des femmes adoreraient apprendre de leur partenaire ce qu'il apprécie sur le plan sexuel. La plupart ne savent tout simplement pas comment réagit le corps de l'autre. Et autant dévoiler le secret... Nous sommes tous différents ! Aucun livre ne peut vous révéler ce que tous les hommes et toutes les femmes trouvent sexuellement satisfaisant. Lorsqu'elles en parlent ensemble, les femmes expriment des désirs très différents. Lorsqu'ils en parlent ensemble, les hommes expriment, eux aussi, de nombreuses différences. En conséquence, vous devez informer votre partenaire de ce qui vous est particulièrement agréable – et tout aussi important – vous devez lui demander ce qui lui plaît. Vous n'êtes pas plus télépathe que lui.

Si votre partenaire éprouve de la gêne à vous dire ce qu'il aime, n'hésitez pas à l'interroger : « Est-ce que tu aimes ça ? Dis-moi ce que tu préfères. » En apprendre de plus en plus sur ce qui plaît à l'autre, tandis que l'autre en apprend de plus en plus sur ce qui nous plaît, peut rendre le sexe vraiment très épanouissant.

Après le manque de communication, les contraintes de la vie quotidienne sont un obstacle majeur au sexe. L'amour physique est une des premières choses à disparaître dans une vie bien remplie. C'est très dommage car une sexualité épanouie est un merveilleux ciment entre deux êtres et contribue à la plénitude de la relation amoureuse. Ne vous inquiétez pas, je détiens la solution parfaite : mettez le sexe sur votre liste de choses à faire !

Mettez le sexe sur votre liste de choses à faire !

Faites-en un rendez-vous régulier. *Programmer l'amour contribue à garantir de le faire.* Laissez-moi vous montrer comment cela marche... Si vous devez vous lever tôt et travailler dur toute la journée, vous tombez de fatigue le soir, et quand vous vous mettez tous les deux au lit, vous n'avez aucune envie de faire l'amour. Même si vous accompagnez votre « bonne nuit » d'un baiser, d'un merci et d'une caresse, de folles étreintes figurent rarement sur votre agenda. Vous comptez donc parmi les parfaits candidats à la programmation du sexe comme plaisir de week-end. Vous devez fixer un moment, dans le courant du samedi ou du dimanche, où l'ordre du jour est le SEXE. Je vous avouerai (mais ne le répétez à personne) que, Mark et moi, nous nous sommes attribué le samedi et le dimanche matin. Nos amis et les membres de la famille en sont avertis. Et le téléphone ne sonne jamais avant 11 heures.

Vous vous demandez sûrement : « Des rapports spontanés ne sont-ils pas meilleurs ?... N'est-il pas plus agréable de faire l'amour quand vous en avez envie ? » Bien sûr, le sexe spontané est formidable. Mais, comme je l'ai expliqué, après avoir passé plusieurs années ensemble, le désir incontrôlable de sauter au lit chaque fois que l'on se voit diminue et parfois même disparaît. Mais vous pouvez le remplacer par quelque chose de splendide : un « rituel d'amour ». Pour nous, il ressemble à ceci :

> « Samedi matin arrive. Le premier levé prépare le café et le sert au lit avec le journal. Nous sommes sensibles au plaisir que nous donnent ces instants partagés et nous nous en faisons souvent la remarque. À un moment donné, nous prenons une douche ensemble et je mets ma « potion d'amour », un parfum particulier réservé à ces moments-là. Il est devenu pour nous deux un aphrodisiaque ! Nous retournons au lit... Et vous allez devoir imaginer le reste. Le paradis ! Le délicieux méfait accompli, nous nous serrons l'un contre l'autre et nous nous remercions du plaisir merveilleux que nous nous sommes donné mutuellement. »

Peut-être pensez-vous : « Voilà qui paraît très bien, Susan. Mais que se passe-t-il quand on n'est pas d'humeur ? » Ah ! ah ! c'est une question très importante. Il y a indiscutablement des moments où je ne suis pas d'humeur. Et il y a indiscutablement des moments où Mark n'est pas d'humeur. Mais il nous suffit à tous deux de quelques minutes de caresses aux bons endroits pour nous sentir débordants de sensualité et pleins d'entrain ! Si vous y réfléchissez, c'est un domaine où il est très facile de changer d'humeur. Commencez par un baiser léger, une caresse délicate, les mots « Je t'aime »... Hum ! Est-il nécessaire d'en dire plus ?

Si vous n'avez pas la tête au sexe à un moment donné, dites-vous : « Je ne suis peut-être pas d'humeur à l'instant, mais je veux donner du plaisir à mon partenaire. » Encore une fois, changer d'humeur n'est pas long. Bien entendu, nous avons tous des passages où, pour diverses raisons, l'abstinence s'impose : la maladie, un traumatisme dans la famille, le stress, l'épuisement et ce genre de choses. Mais, en général, se rendre d'humeur sensuelle est très facile.

Peut-être pensez-vous maintenant : « Tout cela est très bien, Susan ; mais que se passe-t-il quand on a des enfants ? » Oui, vous avez déjà appris que les enfants, aussi mignons et câlins soient-ils, peuvent ruiner une vie sexuelle. Ma citation préférée sur ce sujet est de Geogg Deane :

> « En ces rares occasions où vous parviendrez tous deux à rassembler l'énergie, vous découvrirez que la nature a installé un modem connectant l'érection d'un homme aux poumons de son fils : vous vous mettez à "bander " et il commence à pleurer. Très vite, le moment s'est envolé, et votre érection avec. Qu'avez-vous fait pour mériter ce sort ? »[3]

Je cite maintenant, page 178, deux des femmes avec qui j'ai eu des entretiens pour l'écriture de *Freeing Ourselves of the Mad Myths of Parenthood.*

> « J'avais l'impression depuis cinq mois d'être une prisonnière... et une prisonnière puante avec ça. Où aurais-je trouvé le temps de prendre une douche ou de laver mes cheveux ? J'inspirais la pitié. Et cet enfant que j'avais mis au monde passait son temps à faire pipi et caca, et à régurgiter sur ma chemise. J'avais les seins tellement douloureux et pleins de croûtes que j'avais envie de hurler de douleur. Faire l'amour ? Vous êtes dingue ! » [4]

> « Je n'ai pas besoin d'aller en salle de gymnastique. Je soulève, porte et court toute la journée. Ensuite, je suis épuisée. Le sexe est passé par la fenêtre. Quiconque affirme faire l'amour avec des enfants en bas âge dans les parages raconte un mensonge. Un mensonge absolu. Qui a l'énergie ? Il est difficile de penser au sexe en changeant une couche ou quand le bébé est en train de régurgiter sur votre corsage. Mon mari aussi est au bout du rouleau. Quelle équipe ! » [5]

Dieu merci, j'ai aussi rencontré une femme qui avait une approche plus optimiste de la situation. Je vous conseille d'adopter son point de vue si vous avez des enfants :

> « J'attends avec impatience d'avoir de grands moments de plaisir quand les enfants seront partis. Mon mari et moi, nous nous efforçons de garder suffisamment de passion, d'espièglerie et d'harmonie. Personne n'en veut à l'autre. On fait croire aux parents que, s'ils ne continuent pas à faire l'amour comme avant, quelque chose ne va pas. Ce n'est pas obligatoire. C'est juste la façon dont sont les choses. C'est une question de territoire. Je pense que c'est un sujet de réflexion à creuser avant d'avoir des enfants. Personne ne vous dit que votre vie sexuelle va diminuer. Mais même si on leur dit, les gens se croient à l'abri. Je me demande pourquoi ils ont cette idée. » [6]

Oui, vous pouvez adopter une approche positive face au ralentissement de la vie sexuelle qui survient inévitablement après une naissance. Même avec des enfants, vous pouvez faire preuve d'imagination : vous pouvez, par exemple, vous échapper régulièrement pour vous offrir un interlude romantique.

N'oubliez pas que votre priorité est la relation avec votre partenaire. Vos enfants partiront un jour et il est important que vous gardiez des rapports sains et heureux avec votre partenaire. Si le lien se rompt, la maison peut devenir un lieu de grande solitude une fois les enfants partis. Faites preuve de créativité et trouvez des moyens d'entretenir la braise.

D'ailleurs, j'ai une vraiment bonne nouvelle pour vous :

Vieillissement et sexe s'entendent... à merveille !

Non seulement prendre de l'âge *ne marque pas* la fin de la vie sexuelle, mais peut même marquer son amélioration. « Susan, comment est-ce possible ? » Eh bien, réfléchissez. Quand les enfants partent, vous avez davantage de temps et d'intimité. Vous vous retrouvez tous les deux comme au début de votre relation. Votre vie est plus légère et, avec un peu de chance, moins stressante à de nombreux points de vue. Vous avez plus de temps et plus d'intimité, bref : c'est le paradis. Et votre vie sexuelle peut durer encore très, très longtemps.

J'ai appris ce que je sais sur le vieillissement et le sexe alors que j'étais encore relativement jeune. Lorsque j'avais environ 30 ans, j'ai pris la direction du Floating Hospital (le « Navire de santé ») de New York. Chaque année, plusieurs semaines étaient consacrées aux seniors, et les personnes qui venaient alors avaient en moyenne 75 ans.

Elles étaient si nombreuses à avoir perdu leurs conjoints que je décidai avec le personnel de créer un cours de rencontre.

Un membre de l'équipe était un marionnettiste talentueux qui conçut un petit spectacle montrant deux personnes âgées en train de danser en discutant. Elles avaient toutes les deux perdu leurs conjoints et étaient heureuses de retrouver l'amour ensemble. Arrive alors le fils de l'homme. Loyal envers sa mère défunte, il est horrifié de voir son père danser avec une autre femme. Pendant le reste du sketch, celui-ci explique à son fils son besoin de chaleur humaine et d'amour, et à la fin ils se jettent tous les deux dans les bras l'un de l'autre. N'était-ce pas mignon ?

À partir de là, le sujet de la rencontre amoureuse était posé. La première question vint d'un homme assis au fond de la pièce. Je fus un peu déconcertée quand il demanda d'une voix très forte : « Comment je fais pour la mettre en l'air et la garder comme ça ? » Une onde de choc courut parmi les jeunes membres du personnel. Le fait même que des gens de cet âge pensent au sexe leur était inconcevable ! L'onde de choc prit de l'ampleur quand une petite dame en gants blancs et robe à fleurs – je n'invente rien – leva délicatement la main et dit : « Mon ami fait ça vite, puis il se retourne et s'endort. Est-ce que vous pourriez m'indiquer comment je peux faire en sorte que ce soit plus agréable pour moi ? »

Oui, nous étions choqués, mais le choc était très agréable. Nous étions contents d'apprendre que vieillir ne met pas obligatoirement fin à l'amour physique. Fait intéressant : en Grande-Bretagne, l'organisation caritative Age Concern encourage les couples âgés à avoir une vie sexuelle active pour rester en bonne santé ; elle leur apprend que des rapports réguliers entretiennent la jeunesse d'esprit, réduisent le stress, renforcent l'estime de soi et améliorent la qualité du sommeil. Elle édite un livre où le Dr Sarah Brewer écrit :

> « L'intimité physique ne subit pas une inexorable érosion avec l'âge. Des rapports sexuels réguliers et gratifiants tendent à donner plus d'éclat à tous les aspects de la vie et apportent à la santé un immense éventail de bienfaits. »[7]

Voilà de bonnes nouvelles ! Nous avons longtemps cru que les hommes étaient les seuls à rester sexuellement vaillants jusqu'à un âge avancé, mais selon Jonathan Margolis :

> « Non seulement des femmes continuent d'avoir des rapports sexuels entre 80 et 90 ans, mais il semble de plus en plus qu'elles sont par nature faites pour jouir davantage du sexe et avoir davantage d'orgasmes en vieillissant. »[8]

J'aime bien cette idée. Mais pourquoi mettre une limite d'âge ? Selon mes sources, beaucoup continuent bien après 90 ans. Super ! Il est vraiment formidable de savoir que l'on a sans doute encore une longue vie sexuelle devant soi.

Margolis nous dit aussi :

> « Les recherches sur le comportement ont donné des résultats remarquables. Ils prouvent que les femmes d'un certain âge ont une vie sexuelle plus riche que leurs cadettes. »

Il attribue cette situation au fait que beaucoup de femmes plus âgées « sont libérées des soucis de grossesse, de la culpabilité, des règles, des inquiétudes financières, du stress professionnel et de la fatigue qui détournent de l'amour physique 70 % des jeunes femmes de l'Occident urbanisé ». Voilà de quoi donner envie de vieillir !

J'ai une théorie : si vous avez aimé le sexe quand vous étiez jeune, vous l'aimerez quand vous serez âgé. Mon mari est heureux que j'ai aimé le sexe jeune et, alors que j'ai plus de 60 ans, je continue d'adorer ça – et j'espère continuer pendant encore de nombreuses années. Si vous n'avez pas pris plaisir au sexe dans votre jeunesse, il serait sage d'apprendre à l'aimer en prenant de l'âge. Il n'est jamais trop tard !

Je vous entends d'ici : « D'accord, Susan, tout ceci est fort bien ; mais que se passe-t-il si mon partenaire – jeune ou pas – n'est tout simplement pas intéressé ? » Hum ! C'est un problème si l'autre ne partage pas votre désir. Les hommes ont la réputation d'être plus demandeurs dans ce domaine. Je n'en ai jamais eu de preuve. Certains hommes entrent dans ce cas de figure et d'autres non. En fait, de nombreuses femmes se plaignent que leur compagnon ait perdu son intérêt pour la chose. Une jeune femme m'a déclaré : « Mon mari et moi voulons avoir un enfant, mais je me demande comment il pense que nous y arriverons alors qu'il ne s'intéresse pas au sexe ! » Hum ! Bonne question.

Si votre partenaire a perdu son désir, commencez par en parler avec lui. Demandez-lui si quelque chose le met en colère ou s'il se sent dépassé par le quotidien et si vous pouvez augmenter son intérêt pour le sexe. Si le dialogue ne donne pas de résultats, vous pouvez vous adresser à un conseiller conjugal. La « leçon d'amour » numéro 3, page 184, apporte des suggestions supplémentaires. Faire du sexe un élément épanouissant de la relation amoureuse en vaut vraiment l'effort. Faites-en une aventure, une quête d'enseignements... et de jouissance.

Leçons d'amour

1. Restez du côté de l'amour

Permettez-moi de vous renvoyer encore une fois au « tableau d'amour » de la page 122. Rien ne détruit davantage l'appétit sexuel que d'être sous l'emprise de la colère, du ressentiment et de la critique. Quand ces trois états d'esprit mènent la danse, il devient difficile de supporter l'autre à table et encore moins de sentir sa peau contre la nôtre ! Ils augmenteront peut-être votre appétit ou celui de votre partenaire pour des rapports *extraconjugaux*, mais vous devez vous en libérer si vous souhaitez vivre un amour durable à domicile ! Plus vous progressez en direction de l'amour et plus vous avez de chances que vos sentiments pour votre conjoint s'épanouissent. Si votre cœur est aimant, l'amour physique devient joie pure. Le principal organe sexuel est le cerveau. Mais le désir et le plaisir dépendent aussi des émotions. Ils pâtissent vraiment de la colère, de l'insécurité, du ressentiment ou de la frustration. Alors qu'ils se développent avec le bonheur, l'amour et la tendresse. Suivez donc le chemin de l'amour pour permettre à votre relation sexuelle de s'épanouir.

2. Contact, contact, contact...

Le contact physique joue un rôle essentiel dans une relation durable. Voici ce qu'en disent Douglas et Naomi Moseley :

> « Aussi étendue soit-elle, aucune compréhension des problèmes plus profonds ne pourra améliorer la sexualité si les membres du couple ne sont pas prêts à régulièrement toucher et être touchés. »[9]

Ils vont plus loin en recommandant au moins dix minutes de contact physique quotidien entre conjoints. Voilà qui me paraît bien ! Le contact physique, sous toutes ses formes, est formidable. Serrez votre partenaire dans vos bras avant qu'il parte travailler. Tenez-vous par la main dans la rue. Une femme m'a raconté que dans, l'intimité, son petit ami lui empoigne souvent les fesses avec une parole affectueuse comme : « Tu as le plus beau cul du monde. » Elle aime l'entendre dire cela, même si ce n'est vrai que pour lui, parce qu'elle se sent physiquement désirée. Donc, touchez, touchez, touchez. Donnez à votre partenaire l'impression d'être désiré, désirable et, finalement, désirant. Ce sont des sentiments délicieux.

3. En cas de problèmes, cherchez de l'aide

Si le sexe pose problème, il existe deux lieux évidents énoncés ci-dessous où chercher de l'aide.

• **Au sex-shop local.** Oui, votre sex-shop local. Une bonne amie à moi, Joy Starr, en possède un. (Et elle s'appelait déjà Joy bien avant de l'ouvrir.) Elle faisait partie de mes premières élèves de *Tremblez mais osez !*. Manifestement, elle a tremblé, mais a ouvert sa boutique ! Joy travaille avec sa fille Shana. Elles adorent leur activité parce qu'elle leur permet d'aider beaucoup de gens à améliorer leur vie sexuelle. Elles considèrent le magasin comme une précieuse source de renseignements sur la sexualité. Elles sont même invitées à donner des cours par les universités voisines. Elles ont aidé des personnes de tous âges à entrer en contact avec leur *moi* sexuel.

Selon Joy et Shana, beaucoup de femmes et d'hommes, de tous âges, viennent chercher de l'aide parce que leur partenaire, pour une raison ou une autre, n'arrive pas à jouir du sexe. Des couples viennent parfois ensemble. Certaines personnes n'osent pas se déplacer mais leur téléphonent pour leur parler de leurs problèmes. Joy et Shana considèrent que leur rôle est de guider les personnes qui leur demandent conseil et de leur donner des informations fiables. Elles sont très fières de ce qu'elles font car elles ont pu ouvrir beaucoup de gens à la magie du sexe. À mon avis, les hommes et les femmes qu'elles ont aidés leur vouent une reconnaissance éternelle[10].

Bien évidemment, tous les sex-shops n'offrent pas ce genre de services et de compétences, mais une visite dans ce genre de boutique peut vous aider à améliorer l'entente sexuelle au sein du couple.

• **Auprès de votre médecin.** Beaucoup de problèmes sexuels ont pour origine des difficultés physiologiques. Des problèmes de santé entraînent souvent une réduction du désir sexuel. En outre, certains médicaments peuvent étouffer la libido. Il existe des solutions à la plupart des problèmes physiques qui nuisent à la vie sexuelle : n'éprouvez donc pas de gêne à parler à votre médecin de vos difficultés.

4. Restez en bonne santé... et sexy

L'amour n'est pas aveugle. Souvent, nous négligeons notre apparence une fois que nous avons trouvé l'âme sœur. Nous prenons du poids et ne nous soucions plus de notre image. Une fois encore, prenez le miroir, mais cette fois pas pour contempler l'intérieur mais l'extérieur. Regardez vos points faibles et voyez ce que vous pouvez améliorer. Nos sociétés contemporaines mettent beaucoup l'accent sur l'apparence et pas assez sur la santé. Or, généralement, plus nous allons bien, plus nous sommes beaux, plus nous nous plaisons... et plus nous plaisons à notre partenaire. Pour maintenir votre amour en vie, gardez votre corps vivant en lui assurant une bonne alimentation, de l'exercice, une humeur enjouée et tout ce qui lui est favorable.

5. Continuez à le faire vibrer

Le flirt n'est pas passé de mode et il offre un moyen formidable de faire circuler l'électricité entre deux personnes. Il peut prendre de nombreuses formes. N'hésitez pas à échanger des propos sensuels, verbalement ou par écrit (lettre, e-mail ou texto), avec votre partenaire ; ils entretiennent le flux d'excitation – et d'amour. N'abandonnez jamais le jeu permis par le flirt : il vous offre le moyen de conserver à votre relation une dimension légère, amusante et ludique... et, sans aucun doute, de stimuler le courant qui rend l'amour étincelant.

CHAPITRE 11
LA MUSIQUE DE L'AMOUR

« Il nous est possible d'apprendre que l'essence de l'amour n'est pas d'utiliser l'autre pour nous rendre heureux, mais de servir et de valoriser l'être aimé. Et il nous est possible de découvrir, à notre grande surprise, que ce dont nous avions surtout besoin n'était pas tant d'être aimé que d'aimer. »

Robert Johnson [1]

C'était une nouvelle excitante. Le fils de Mark se mariait et avait choisi son père comme témoin. Il savait qu'on lui demanderait de faire un petit discours, comme le veut la coutume. Plusieurs mois avant la cérémonie, il a réfléchi au conseil qu'il donnerait pour mettre les jeunes mariés sur le chemin d'une merveilleuse vie commune.

Quand il prit la parole, il se montra émouvant, drôle et sage. Mais l'instant le plus marquant pour toute la salle fut celui où il révéla la formule magique qu'il invitait les deux jeunes époux à prononcer tous les jours : « Merci d'être dans ma vie. »

« Merci d'être dans ma vie »

À l'évidence, elle toucha tous les invités de la noce. À la fin du discours de Mark, quand tout le monde se leva et commença à échanger des toasts, on pouvait entendre cette phrase merveilleuse : « Merci d'être dans ma vie » résonner dans toute la salle avec une affection et une gratitude tangibles. Mark parlait d'expérience. Il venait de révéler la phrase qui continue d'emplir nos cœurs de reconnaissance quand nous nous la disons, tous les jours.

Ce mot d'une importance vitale – *merci* – offre un moyen grandiose de célébrer l'amour. Et pourtant, pour différentes raisons, il est trop rarement prononcé. La colère et le ressentiment prennent souvent toute la place, et nous préférerions nous mordre la langue plutôt que de dire merci. Comme le rappelle Howard Markman :

> « En vérité, c'est souvent envers ceux que nous aimons le plus que nous montrons le moins de respect. Sous le coup de la frustration, de la colère ou de la déception, nous explosons et parlons alors à l'être qui nous est le plus cher d'une manière qui n'a rien d'aimante. »[2]

Oui, certains d'entre nous, consciemment ou inconsciemment, retiennent l'expression de leur amour, de leur gratitude et de leur estime, et tristement manifestent à la place de la désapprobation. Quand je repense à mon premier mariage, je n'arrive pas à me souvenir d'avoir jamais remercié mon époux, et pourtant il me donnait beaucoup. J'étais plutôt dans un mode critique. Rien de ce qui me déplaisait ne m'échappait et rien ne lui était épargné. Je peux vous assurer que ce manque de reconnaissance et de remerciement tue l'amour… et tue l'esprit.

Je me souviens d'avoir dirigé un séminaire pour femmes de treize semaines. L'un des exercices consistait à remercier son conjoint en rentrant à la maison. Mes élèves n'ont pas aimé cet exercice. On aurait cru que je leur ordonnais d'aller mettre le feu chez elles ! Une femme a réagi immédiatement en disant : « Il devrait être heureux que je sois là. » Je lui ai demandé : « Pourquoi êtes-vous là ? » Déconcertée, elle a réfléchi un moment et dit : « Je ne veux pas rester seule. – Très bien, ai-je répondu, c'est un bon point de départ. Rentrez chez vous et remerciez-le d'être dans votre vie. »

Quand les femmes revinrent la semaine suivante, elles étaient choquées de la difficulté qu'elles avaient éprouvée à remercier leur partenaire, même celles qui se considéraient comme très aimantes. Certaines prirent conscience qu'elles nourrissaient de la colère et du ressentiment ; d'autres comprirent qu'elles ne se sentaient pas elles-mêmes reconnues. Une femme fournit une raison intéressante de ne pas dire *merci.* Elle expliqua :

> « Mon mari fait beaucoup pour moi, et je lui en suis reconnaissante. Mais je ne le lui dis jamais et je me suis demandé pourquoi. Je crois que c'est parce que je fais semblant d'être indépendante – d'avoir l'air indépendante. Mais s'il me donne tant, en quoi suis-je indépendante ? »

Hum ! Elle n'avait pas appris qu'il y a très peu de rapport entre l'indépendance et le fait de se montrer reconnaissant des nombreux cadeaux que nous recevons tous les jours dans nos vies. La véritable indépendance est de savoir au fond de soi que quoi qu'il arrive, on fera face ! Ironiquement, *l'un des moyens de « faire face » consiste à remarquer tous les dons reçus et à en éprouver de la gratitude.* Ah ! ah ! quand je le lui ai expliqué, elle a eu une illumination et a compris !

Toutes les participantes du séminaire décidèrent alors de s'attaquer à leur résistance et de prêter en permanence plus d'attention aux bienfaits que leur compagnon apportait à leur vie. Nous avons travaillé sur ce point pendant tout le séminaire, et je vis évoluer leur énergie dans tous les aspects liés à la relation de couple. La gratitude apaisa la colère et renforça l'amour. Mieux encore, elles embellirent sous mes yeux. La colère et le ressentiment donnent un aspect peu engageant tandis que la physionomie de l'amour est très séduisante !

Nous avons tous besoin d'apprendre à rester attentifs et reconnaissants. Nous sommes trop nombreux à retenir nos remerciements pour la simple raison que nous ne remarquons pas les nombreuses choses que notre partenaire fait pour nous. Percevoir toute la beauté apportée à notre existence par notre conjoint est l'un des ingrédients importants d'un amour durable et d'une belle vie. Par définition : plus nous disons merci et plus nous avons conscience de l'abondance dont nous bénéficions.

Plus nous disons merci et plus nous avons conscience de l'abondance dont nous bénéficions

Le mot *merci* signifie que nous avons reçu un don. Si nous le répétons suffisamment souvent, le sentiment de manque disparaît, et nous commençons à nous sentir incroyablement riches. Nous nous concentrons sur ce qui est là et non sur ce qui n'y est pas.

Si vous prononcez rarement le mot *merci*, vous vous portez préjudice, exactement comme vous portez préjudice à la personne que vous prétendez aimer. Dire *merci*, c'est reconnaître que vous prenez. Si vous refusez de prendre, vous avez l'impression que personne ne vous donne. En fait, en refusant de remarquer ce que vous recevez et d'en éprouver de la gratitude, vous pouvez même vous sentir escroqué et en manque d'amour alors même que votre partenaire est en train de donner beaucoup.

En remarquant combien vous oubliez de remercier votre partenaire de tout ce qu'il fait pour vous, vous prenez conscience de la blessure que vous infligez à votre cœur... et au sien. J'ai compris cette leçon quelques années après la fin de mon premier mariage. Quelque temps après notre divorce, j'ai appelé mon ancien mari pour lui demander si je pouvais l'inviter à déjeuner. Lors de ce repas décisif, je lui ai dit tout le bien que je pensais de lui – et que mes angoisses m'empêchaient d'exprimer à l'époque où nous étions mariés. J'ai parlé de sa générosité, du merveilleux père qu'il était et de la contribution qu'il avait apportée à ma vie. Il a pleuré. J'ai pleuré. Et une blessure s'est refermée dans nos deux cœurs. Cette guérison m'a permis de construire la splendide relation que j'ai maintenant avec Mark. J'ajoute qu'une chaude amitié nous lie toujours, mon ex-mari et moi.

Si vous vous reconnaissez dans ce que je viens d'évoquer, le moment est venu d'ouvrir les yeux sur les nombreux cadeaux qui vous sont offerts dans le cadre de votre couple et de prononcer le mot *merci*. Vous n'en prononcerez sans doute jamais de plus important.

Et puis il y a les mots « Je t'aime ». Comme je l'ai mentionné plus tôt, les prononcer souvent a aussi beaucoup d'impact. Nous sommes nombreux à avoir reçu une éducation qui nous empêche de verbaliser nos sentiments affectueux. Vous connaissez déjà la solution : *tremblez mais osez dire « Je t'aime » !*

Comme j'en ai déjà parlé également, nous devons apprendre à reconnaître l'amour transmis pas une personne incapable de l'exprimer verbalement. L'expression de l'amour prend de nombreuses formes. Il peut s'agir d'un mari conduisant la voiture de sa femme au contrôle technique ou d'une épouse préparant un plat particulier pour le dîner. Ce peut être l'achat d'une petite gâterie. Quand votre partenaire fait preuve de gentillesse, remerciez-le et dites-lui : « Ça me fait très plaisir. Je t'aime et je te remercie. » Montrez votre amour et votre gratitude pour tout ce qu'il fait pour vous.

Lors d'une étude conduite par le Dr Phillip McGraw, 94 % des personnes interrogées répondirent qu'offrir des fleurs, se tenir par la main, inviter son partenaire au restaurant et ce genre d'attentions étaient des marques d'affection. Cependant, les deux tiers considéraient aussi que les tâches quotidiennes comme sortir la poubelle, baigner les enfants ou faire la vaisselle étaient des marques d'affection. Sa conclusion était la suivante : « *Ces actes de la vie quotidienne sont une façon de dire à son conjoint : "Je veux améliorer ta vie et je ferai des sacrifices personnels pour y parvenir."* »[3] Autrement dit, c'est une façon de dire : « Je t'aime. »

Si votre partenaire vous fait peu de cadeaux, pensez simplement à toutes les tâches quotidiennes qu'il accomplit : toutes ces expressions de son amour méritent vos remerciements. Vous êtes peut-être en train de vous dire : « Mais, Susan, c'est son travail. » Je vous garantis que, si vous commencez à dire : « Je t'aime » et « Merci » à votre partenaire parce qu'il fait son « travail », son cœur va fondre et le vôtre avec. Comme je l'ai indiqué dans le chapitre 3, en changeant de comportement, vous acquérez le pouvoir de changer aussi le comportement de votre partenaire.

N'oubliez jamais :

Toute relation a du bon et toute relation a du mauvais. En vous concentrant sur le mauvais, vous dépérissez. En vous concentrant sur le bon, vous prospérez et avez ainsi la capacité d'affronter le mauvais avec créativité et amour !

Beaucoup de gens se sentent tristes, en colère, déprimés, malchanceux ou trahis toute leur vie. Leurs problèmes viennent en partie de ce qu'ils n'arrivent pas à voir tout l'amour qui leur est donné. Ne serait-il pas génial qu'une lampe rouge s'allume chaque fois que votre partenaire fait quelque chose de merveilleux pour vous ? Ces petites ou ces grandes choses qui vous paraissent normales sont en réalité des cadeaux.

Donc, commencez sur-le-champ à exprimer de la gratitude pour tout ce que votre partenaire fait dans votre vie. Dites-lui : « Merci d'être dans ma vie. Je t'aime. » S'il se trouve dans la pièce voisine, allez-y tout de suite pour prononcer ces mots éloquents. S'il n'est pas là, prenez le téléphone pour les lui dire – rappelez-vous que les téléphones portables existent. Faites-le maintenant. Et faites-le souvent. Souvenez-vous des magnifiques paroles de Dale Carnegie :

> « Si, vous et moi, nous faisons prendre conscience à ceux avec qui nous entrons en contact du trésor caché qu'ils possèdent, nous pouvons non seulement les changer mais aussi les métamorphoser littéralement. »[4]

Laissez-moi vous présenter un moyen très spécial de célébrer et de renforcer votre amour. Si vous êtes mariés, la musique de l'amour inclut les vœux échangés lors de la cérémonie. Pourtant, vous avez tendance à oublier votre serment quand vous êtes pris dans le flot de la vie quotidienne. Je vous propose de redire régulièrement ces vœux.

Je connais un couple qui agit ainsi tous les mois. Mark et moi renouvelons nos vœux de mariage une fois par an, le jour de notre anniversaire.

Par chance, quand nous nous sommes unis, il y a maintenant de nombreuses d'années, ma sœur, qui était aussi ma demoiselle d'honneur, a enregistré toute la cérémonie. Je peux encore entendre la voix de ma mère, morte depuis quelques années, s'exclamer au terme du rituel : « Formidable ! ma Susie est de nouveau mariée. » Cela me rappelle le bonheur qu'elle éprouva le jour de mon mariage. Chaque année, nous avons seulement besoin de mettre la cassette et de répéter avec elle les vœux que nous avons prononcés lors de notre cérémonie de noces. C'est magique.

Parfois, nous renouvelons nos vœux en tête-à-tête ; parfois, des amis et des membres de la famille sont présents. Selon l'occasion, nous les prononçons au sommet d'une montagne, sur la plage, chez nous, à l'hôtel... partout où le cœur nous en dit. Chaque fois, des larmes me montent aux yeux. J'éprouve un bonheur au-delà des mots et notre engagement mutuel monte d'un cran à chaque fois. En plus de dix-neuf ans (au moment où j'écris), il a vraiment atteint une hauteur vertigineuse !

Si vous n'avez pas enregistré les consentements que vous avez échangés lors de votre mariage, vous pouvez vous offrir une seconde cérémonie de noces que vous enregistrerez cette fois. Si vous ne voulez pas aller jusque-là, rédigez simplement une déclaration dans le style de celle qui suit et lisez-la-vous mutuellement à intervalles réguliers. Face-à-face, prononcez ces mots l'un après l'autre :

> « Je t'aime et je te remercie. Tu as apporté tant de joie et de beauté à ma vie. Tu es mon amour, mon (ma) meilleur(e) ami(e) et la personne avec qui je veux

partager mon existence. T'aimant du plus profond de mon cœur, je me consacrerai à ton bonheur et à ton bien-être. Dans les épreuves que la vie peut imposer, je serai là pour te soutenir. Et dans les bons moments, je serai là pour me réjouir et fêter avec toi ce qui doit l'être. En te donnant, je me donne à moi-même. La véritable récompense de l'amour est le plaisir pris à donner.

Je m'engage à aimer et à chérir, à honorer et à faire confiance ; dans l'adversité comme dans la prospérité, je m'engage à croire en toi et à partager toutes les victoires et toutes les joies ; je m'engage à créer une union durable basée sur l'affection et le respect ; je m'engage à reconnaître ton individualité – et à t'aider à aller au bout de tes possibilités. Mon attention fixée sur les bienfaits que je reçois, je te remercie de rendre ma vie complète. »

Que vous soyez mariés ou non, vous faire mutuellement cette déclaration (ou celle qui vous est propre) à intervalles réguliers réaffirmera votre amour et votre engagement. N'oubliez pas que vos sentiments l'un pour l'autre, comme un arbre, ont besoin d'eau, d'engrais, d'affection et de soins pour se développer en un immense amour durable arrivé à pleine maturité. En renouvelant souvent votre serment d'engagement mutuel, vous continuez de faire de l'amour une priorité.

Les « leçons d'amour » suivantes vous donneront d'autres idées sur la manière d'intégrer les images et la musique de l'amour à votre relation de couple. Choisissez celles qui vous plaisent le plus et pratiquez-les encore et encore. Transformez ces suggestions en un tremplin pour inventer votre propre façon de célébrer votre union.

Leçons d'amour

1. Étendez votre vocabulaire amoureux semaine après semaine

Les déclarations d'amour doivent devenir une habitude. Voici le programme :

- *Première semaine* : quand vous dînez, avant de vous endormir ou à tout autre moment qui vous convient, tournez-vous vers votre partenaire et dites-lui : « Merci d'être dans ma vie. » Faites-en une pratique quotidienne. Si vous préférez d'autres mots de remerciement, utilisez-les.
- *Deuxième semaine* : ajoutez « Je t'aime » à la formule de remerciement prononcée tous les jours. Ce sera peut-être plus difficile, mais il est important pour la qualité de votre vie amoureuse que vous parveniez à dire ces mots naturellement. Donc, une fois de plus, *tremblez mais osez dire : « Je t'aime »* !
- *Chaque semaine* : ajoutez à votre liste des paroles valorisantes. Par exemple :

– « C'est un bonheur d'être avec toi. »
– « Tu es formidable. »
– « J'ai beaucoup de chance de t'avoir dans ma vie. »

Prenez l'habitude de prononcer ces phrases ou d'autres phrases de ce type et faites-en des composants naturels de vos échanges avec votre partenaire. Comme je l'ai déjà signalé, *elles éveilleront en lui de l'affection à votre égard, tout en vous rappelant les bienfaits qu'il apporte à votre vie.*

Souvenez-vous de la technique du « faire-comme-si ». Même si quelque chose vous contrarie, comportez-vous comme si vous ressentiez de la gratitude pour tout le positif. Si vous faites-comme-si suffisamment souvent, vous finirez par vivre dans une réalité où le positif abonde.

2. Dites de belles choses de votre partenaire à d'autres personnes

Cette méthode précieuse a été aussi mise au point par Dale Carnegie :

> « Donnez-lui une belle réputation à mériter. »[5]

J'adore cette idée ! Quand vous dites de belles choses de votre partenaire, cela l'encourage à donner le meilleur de lui-même. Nous avons tous faim de reconnaissance. Ceux qui satisfont ce désir chez d'autres recevront beaucoup d'amour.

3. Soyez à l'image du partenaire que vous aimeriez avoir

Souvenez-vous : « Qui se ressemble s'assemble. » Mettez en pratique les qualités que vous aimeriez trouver chez votre partenaire. Si vous voulez de l'amour, agissez avec amour. Si vous voulez du bonheur, répandez du bonheur. Si vous voulez de la reconnaissance, faites preuve de reconnaissance. Si vous voulez de la compréhension, accordez de la compréhension. J'adore la formule de Werner Erhard : « *S'il y a pénurie d'amour, qui n'est pas en train d'en créer ?* » Hum ! Le moment est venu d'en créer... et d'en créer... et d'en créer. *Ne restez pas passif, c'est à vous d'agir pour que l'amour se développe !*

Voici un autre conseil : donnez de l'amour en abondance sans rien attendre en retour. Si vous attendez quelque chose en retour, vous êtes dans le troc, pas dans le don. Si votre partenaire ne réagit pas face à vos dons, gardez votre cœur ouvert et conservez une attitude aimante. Diffusez une lumière aimante. Son cœur finira probablement par fondre. Sinon, votre cœur vous dira que faire.

4. Passez du temps ensemble !

Je suis toujours sidérée de voir comment des couples au planning chargé passent leurs week-ends à *ne pas* passer de temps ensemble... Le match de tennis, les sorties avec des amis, le travail à faire, etc. Je vois tant de couples passer à côté de leur amour parce que tout est plus important que leur relation. Votre relation doit être votre priorité. Posez-vous la question : « À quoi puis-je renoncer pour passer davantage de temps avec mon amour ? » Dans leur livre *Comment rester amoureux,* Charlie et Martha Shedd appellent cela « laisser tomber le bon pour le mieux »[6]. La formule me plaît ! Oui, il y a toujours des choses agréables à faire dans la vie en dehors de son mariage, mais il est parfois profitable de « *laisser tomber le bon pour le mieux* ». S'il est important de garder des vies riches et bien remplies, il vaut parfois mieux renoncer à une partie de la richesse au-dehors pour entretenir la richesse de la relation. Demandez-vous régulièrement :

- « Ai-je vraiment besoin d'aller à cette réunion ? »
- « Ai-je vraiment besoin d'aller à ce match de football ? »
- « Ai-je vraiment besoin de travailler aujourd'hui ? »
- « Ai-je vraiment besoin de... ? »

Parfois, vous n'avez pas le choix ; parfois, vous l'avez. Mais si votre relation amoureuse est votre priorité, vous trouverez des moyens de passer de plus en plus de temps ensemble, même si vous avez des enfants (voir chapitre 8) !

5. Devenez romantique !

L'amour est une émotion mais c'est aussi une action. Vous devez en permanence vous poser la question suivante :

« Qu'est-ce que je fais pour garder l'amour vivant ? »

Agir est la clé qui permet d'avoir une relation sentimentale satisfaisante. C'est aussi un moyen de rester conscient. Vous avez besoin d'actions pour garder votre attention fixée sur la chance que vous avez d'avoir votre partenaire dans votre vie. Ces actions – cadeaux, surprises et manifestations d'affection – permettent de célébrer l'amour.

Si vous ne vivez plus votre relation amoureuse en conscience, donnez-vous l'objectif de prêter attention à votre partenaire et de l'inonder d'amour régulièrement. Si vous ne savez quel geste romantique faire pour manifester votre amour, consultez Internet. C'est une source pratique de renseignements sur la manière de célébrer l'amour. Par exemple, une adresse comme *www.delamour.com* propose articles et dossiers, e-cartes et suggestions de balades romantiques. Même les conseils les plus évidents ont leur intérêt : ils agissent comme des pense-bêtes quand vous avez perdu le mode d'emploi... Ils vous rappellent que vous pouvez échanger des baisers et des câlins ; prendre ensemble un bain à bulles ; envoyer des cartes, des lettres et des e-mails à l'autre ; vous masser mutuellement ; lui faire des cadeaux ; organiser un week-end-surprise ; monter un album de photos de moments heureux passés ensemble ; parsemer la maison de « Je t'aime » ; acheter des fleurs ; dîner aux chandelles...

Oui, ce qui est évident est merveilleux ! Je vous suggère de faire tous les jours un petit plaisir à votre partenaire. N'oubliez pas que les petits ruisseaux font les grandes rivières ! Utilisez votre imagination. Vous connaissez bien votre partenaire et vous savez ce qui lui plaît. Une fois de plus, n'espérez pas une réaction particulière. Ayez une petite attention tous les jours pour rendre hommage à votre partenaire et à votre but supérieur – *devenir une personne plus aimante*. Si vous éprouvez une résistance, ne relâchez pas vos efforts. Vous finirez par atteindre l'autre rive.

Ces preuves d'attachement doivent devenir une habitude. Croyez-moi quand je dis qu'un bel amour ne peut exister si l'on prend pour acquis les bienfaits d'une union. Donc, ayez tous les jours une petite attention qui fera plaisir à votre partenaire. Notez-la dans votre journal : cela vous permettra de vous rappeler la chance que vous avez d'être ensemble. Souvenez-vous toujours que les instants d'amour s'additionnent pour former une vie entière.

6. Appréciez les petites choses !

Les marques d'affection n'ont pas à être spectaculaires. En fait, ce sont les petites choses qui dessinent les contours d'un amour. Les coups d'éclat ne manquent pas de charme mais ne définissent pas l'essence d'une relation. C'est le quotidien qui compte.

Voici un exemple : un jour, un incendie s'est déclaré dans notre immeuble. J'étais chez une voisine au dix-septième étage, Mark se trouvait au quatorzième. Quelques secondes après que les haut-parleurs eurent commencé à annoncer que nous devions quitter le bâtiment, Mark est entré. Plutôt que de partir tout de suite, il a couru vérifier que j'allais bien, et nous avons descendu ensemble les dix-sept volées de marches. Je me suis sentie très aimée. Je sais que j'aurais fait la même chose dans la situation inverse. Bien entendu, les pompiers ont trouvé que cette réaction manquait de bon sens !

Voici un autre exemple : en période de bouclage, mon gendre travaille très tard. Il rentre souvent à la maison après que ma fille s'est endormie. Avant de se coucher, il dépose du dentifrice sur sa brosse à dents et la laisse sur le côté du lavabo pour qu'elle la trouve prête en se réveillant. C'est l'une de ses nombreuses manières de dire : « Je t'aime. » Et elle a le cœur en fête quand elle trouve son splendide et original message d'amour.

Souvenez-vous : *il n'existe pas de petits cadeaux.* Aussi « petit » soit-il, il est grand par le message qu'il transmet. Il dit à haute et intelligible voix :

« J'ai pensé à toi et je te donne mon amour. »

Vous avez envie de compter l'un pour l'autre. Aussi devez-vous montrer à l'être aimé qu'il compte. Et quand vous recevez un cadeau, quel qu'il soit, vous devez exprimer votre reconnaissance pour l'affection qui vous est manifestée.

7. Fixez votre attention sur l'abondance !

Dans *Tremblez mais osez !,* j'ai décrit le « livre d'abondance ». Laissez-moi vous le présenter ici. Chaque soir, dressez la liste des nombreuses choses merveilleuses – grandes et petites – qui vous sont arrivées dans la journée. Par exemple :

1. « Ma voiture a démarré. »
2. « J'ai très bien mangé au déjeuner. »
3. « Le soleil brillait. »

Consacrez une large place dans votre « livre d'abondance » aux choses merveilleuses que votre partenaire vous a procurées :

4. « David m'a serrée dans ses bras quand je suis rentrée. »
5. « Nous avons partagé un merveilleux dîner. »
6. « David m'a appelée au travail juste pour me donner un petit bonjour. »

En dressant régulièrement la liste de toute la beauté que votre partenaire apporte à votre vie, votre gratitude envers lui devient évidente. Essayez d'atteindre le nombre de 50 bienfaits... Oui, je dis bien « 50 ». En « étirant » ainsi la liste, vous apprenez à fixer au quotidien votre attention sur le bon plutôt que sur le mauvais. Comme vous l'avez appris, si vous ne reconnaissez pas ce que la vie vous apporte, vous avez une impression de manque.

8. Souvenez-vous d'être patient !

Quand vous élèverez le niveau d'amour dans la relation, votre partenaire mettra peut-être un peu de temps à suivre. Le secret est de ne rien attendre en retour. Rappelez-vous : vous êtes en train d'apprendre à être une personne plus aimante... *en dépit de ce que fait votre partenaire.* Comme je l'ai déjà dit, vous jugerez peut-être préférable de partir – avec amour. Quoi qu'il en soit, rappelez-vous de profiter de chaque difficulté pour vous entraîner, encore et encore, à devenir une personne plus aimante.

PARTIE 3

« LIBRES D'ÊTRE... TOI ET MOI »

CHAPITRE 12
L'AMOUR SUR TERRAIN MOUVANT

« Pour la première fois dans l'histoire, chaque couple ne peut compter que sur lui-même pour découvrir comment bâtir une relation saine et élaborer sa propre vision du pourquoi et du comment être ensemble. »

John Welwood [1]

La liberté ! Comme c'est bon ! Vraiment ? Je me souviens d'un livre à la couverture ornée d'un dessin humoristique très futé. Il représentait un homme contemplant avec terreur une chaîne à son pied. Il était affolé *parce qu'on avait coupé la chaîne* – il était maintenant libre ! « AU SECOURS ! »

Ces dernières années, toutes les chaînes qui maintenaient hommes et femmes dans le couple ont été rompues. À quelques exceptions près, nous sommes libres de choisir qui nous voulons être. Nous ne sommes plus condamnés aux rôles traditionnels. Pour beaucoup d'entre nous, cette liberté est fantastique ! Mais elle peut aussi sembler effrayante et incroyablement déroutante ! « AU SECOURS ! »

Cela *paraissait* tellement plus simple du temps de ma mère. La société fixait le rôle exact que l'homme et la femme devaient jouer au sein du couple :

> **Les femmes s'occupent du foyer et des enfants.**
>
> **Les hommes travaillent à l'extérieur pour subvenir aux besoins de la famille.**

C'était très simple. Dans la société occidentale, les hommes et les femmes connaissaient chacun leur « place » dans ce vaste monde, aussi restreinte soit-elle. Mais leurs rôles limités ne les rendaient pas toujours heureux. Beaucoup se sentaient coincés et frustrés et ceux qui osaient s'affranchir des règles faisaient l'objet de sévères critiques. La plupart des individus ne s'épanouissaient pas dans leur couple. De nos jours, nous jouissons d'une liberté beaucoup plus grande : nous pouvons choisir le rôle que nous avons à jouer et les possibilités sont multiples. Aujourd'hui :

- Des hommes restent à la maison pour s'occuper des enfants pendant que leurs femmes subviennent aux besoins du foyer.
- Des hommes et des femmes travaillent tous les deux et apportent des contributions équivalentes au revenu du foyer.
- Des hommes se vantent de leurs talents de maîtres queux, tandis que des femmes avouent ne pas savoir faire la cuisine.
- Des femmes versent des pensions alimentaires à des hommes... et leur laissent même parfois la garde des enfants.
- Des hommes et des femmes obéissent aux rôles traditionnels : elle reste à la maison et il travaille.
- Des hommes et des femmes travaillent tous les deux et décident de ne pas avoir d'enfants.

• Des hommes et des femmes travaillent tous les deux à temps partiel pour pouvoir s'impliquer dans l'éducation des enfants.

Et il s'agit là seulement de quelques-unes des options ouvertes.

Ce tableau n'est-il pas merveilleux ? Nous avons fait vraiment beaucoup de chemin. Mais si nous regardons au-delà des apparences, nous constatons que cette liberté nouvelle crée souvent le chaos et la confusion dans les relations amoureuses. Nous remarquons à quel point le taux de divorce est élevé et découvrons même que certaines personnes, des deux sexes, ont du mal à trouver un conjoint.

La « bonne » nouvelle, c'est que le chaos et la confusion n'ont rien d'imprévisible. Cette liberté est relativement nouvelle. Il m'arrive de choquer des jeunes gens en leur disant qu'à l'époque où ma mère avait leur âge, les femmes ne votaient même pas aux États-Unis. Changer la façon de penser générale prend du temps ; or, l'évolution des rôles des hommes et des femmes est trop récente pour que nous nous sentions à l'aise dans les nouvelles formes de couples qui s'offrent à nous. Les stéréotypes mettent longtemps à mourir.

Et la peur tient certainement une grande place dans ce sentiment de malaise. Certaines femmes peuvent trouver effrayant de faire leur place dans le monde du travail tandis que certains hommes redoutent de perdre leur suprématie financière. Un jour, un homme me confia qu'il redoutait que sa femme ne veuille plus de lui s'il cessait de l'assumer financièrement. Et, malheureusement, il n'avait pas obligatoirement tort... Heureusement, il n'avait pas obligatoirement raison non plus.

Vous devez garder à l'esprit que, même si vous vivez une belle relation de couple, vous êtes confronté, à différents degrés, aux défis créés par l'adaptation à vos nouvelles libertés. Permettez-moi de relever quelques-uns de ces défis. Pendant votre lecture, cherchez les similitudes avec votre propre vie. Pour avoir de l'emprise sur toutes les forces subtiles ou pas qui se mettent en travers de l'amour, vous devez prendre conscience de ces forces.

Défi numéro 1
Les vieilles attentes entrent en conflit avec les nouvelles libertés

Oui, être libéré des rôles de jadis ouvre d'innombrables possibilités et nous offre à tous de grisantes opportunités. Nous ne suivons plus mécaniquement le chemin décidé par la société. Mais cette liberté peut aussi provoquer de la confusion, du ressentiment et de la colère car notre métamorphose n'est pas achevée. En voici une image :

> *La femme :* « Je crois à l'égalité... Comment ça, tu veux que je paye la moitié du loyer ? »
>
> *L'homme :* « Je crois à l'égalité... Comment ça, tu veux que je participe au ménage ? »

La plupart de nos ambiguïtés sont beaucoup plus subtiles que ces brefs dialogues ne l'indiquent. Nous donnons l'impression de vivre dans une anomalie temporelle. Nous disons vouloir la nouveauté mais, consciemment ou inconsciemment, nous ne voulons pas que le passé disparaisse. En conséquence, même si hommes et femmes commencent à voir les avantages de l'égalité entre les sexes, ils continuent de s'accrocher aux vieux stéréotypes. Cette contradiction interne est à l'origine d'une grande part de la confusion et de la colère qui naissent dans les relations de couples actuelles.

Si nous avons du mal à accepter la nouveauté, c'est en partie parce que le système ancien avait parfois de très bons côtés. Beaucoup de femmes, si ce n'est la plupart, continuent d'adorer la sensation d'être protégées. Être protégée par un homme définit leur féminité, comme dans le passé. De même, beaucoup d'hommes aiment protéger la femme qu'ils aiment. Être protecteur définit leur masculinité – encore une subsistance du passé. Même de très jeunes gens ont des attentes d'autrefois qui n'ont pas vraiment leur place à une époque où l'égalité entre hommes et femmes est revendiquée. Ces apparentes contradictions sont parfaitement compréhensibles. Il ne s'est pas écoulé assez de temps pour que les nouveaux comportements soient confortables, évidents et réellement *beaucoup plus sûrs* à la fois pour les hommes et les femmes.

Voici un exemple typique de cette problématique.

J'ai été invitée en qualité d'experte à une émission de télévision à laquelle participaient des couples mariés ayant des problèmes. L'une des épouses avança comme grief : « Il ne me donne pas assez d'argent. » Je fus un peu surprise. Ce reproche me paraissait plus légitime dans la bouche d'une adolescente s'adressant à son père que dans celle d'une femme adulte. Dans notre monde actuel, la plainte de cette femme avait quelque chose de dérangeant, d'autant que le couple n'avait pas d'enfants. Je répondis à la femme : « Pourquoi ne trouvez-vous pas un moyen de gagner vous-même de l'argent ? Vous êtes une grande fille maintenant ! » Le public et le mari applaudirent.

Je sais qu'en certaines circonstances, il est parfaitement approprié qu'un des membres du couple subvienne aux besoins matériels de l'autre. Mais, dans ce cas particulier, les récriminations de la femme avaient pour causes sa réticence à prendre un emploi et ses attentes déplacées. Elle avait clairement des exigences à la fois infantiles et déraisonnables – une relique du passé. Et surtout elle n'avait pas conscience que *sa sécurité, son épanouissement et sa tranquillité d'esprit reposaient sur sa propre capacité à s'assumer financièrement.*

Nous devons assurément changer nos façons de voir nos rôles dans la relation de couple. Et, bien sûr, garder à la main notre fidèle miroir est le moyen d'y parvenir. Quand nous avons un problème avec ce que fait ou ne fait pas notre partenaire, nous devons prendre le miroir et nous demander si notre contrariété est légitime, comme c'est parfois le cas, ou si elle est due à une vieille attente inappropriée.

L'une de mes élèves, Caroline, rapporta avec plaisir qu'elle prenait tout le temps le miroir et obtenait d'excellents résultats : « Chaque fois que je sens naître la moindre trace de ressentiment envers Kenny, je prends immédiatement le miroir et me demande : “Quelle est l'attente dépassée qui interfère avec mes sentiments d'amour ? ” J'obtiens toujours une réponse. Par exemple, dès que j'éprouve la moindre anxiété professionnelle, je regrette de ne pas être “la fragile petite femme ” que son amoureux protège. Quand je prends le miroir, je me souviens que, Kenny et moi, nous vivons cette relation pour veiller l'un sur l'autre. Je me dis alors : “Grandis, Caroline ! ” Et je réalise à nouveau à quel point il est merveilleux que je sois devenue une femme forte et autonome. Prendre soin l'un de l'autre est réellement le but visé. »

Je sais que certaines d'entre vous, et même certains, se demandent : « Ne pourrai-je plus jamais être pris(e) en charge ? » Bien sûr, les hommes comme les femmes peuvent s'abandonner dans les bras de leurs conjoints à certains moments, quand surviennent la tristesse, la maladie, des problèmes ou toute autre difficulté. Nous avons tous besoin d'un lieu chaleureux où nous abandonner. Mais nous nous abandonnons en sachant qu'à la fin de la journée, nous devrons nous ressaisir. Mark et moi avons la capacité à changer de rôle en fonction des circonstances et cela contribue à garder notre amour vivant. À mon avis, *prendre soin l'un de l'autre est la manière la plus belle, la plus satisfaisante, la plus sûre, la plus aimante et la plus joyeuse de vivre le couple.* La capacité à passer d'un rôle à l'autre en fonction des situations et des besoins est une remarquable source de sérénité.

N'oubliez pas que, le plus souvent, c'est la peur qui nous fige dans nos croyances, nos comportements et nos attentes. Par exemple, beaucoup de femmes ont besoin de se décontracter vis-à-vis de l'argent, domaine où elles manquent souvent d'assurance. Je suis un bon exemple des contradictions des femmes par rapport à l'argent. J'ai commencé à vivre avec Mark au moment où j'étais prête à changer de métier – je dirigeais un centre de santé – pour me mettre à écrire. J'ai quitté mon emploi, et quelques années se sont écoulées avant que je gagne le premier sou, aucun éditeur ne voulant acheter mon premier ouvrage : *Tremblez mais osez !*

Quand le livre parut enfin et que je commençai à gagner de l'argent, mes vieux schémas égoïstes me conseillaient de mettre mes gains de côté et de laisser Mark continuer à subvenir à mes besoins. Dieu merci, j'ai pris mon fidèle miroir, qui m'a dit : « Si c'est de l'égalité, je mange mon chapeau ! » Pour ne pas en arriver là, j'ai dépassé à contrecœur ma résistance et ai commencé à apporter une contribution équitable aux charges du foyer. Ce fut difficile au début, mais cela devint rapidement très agréable. Et maintenant je trouve cela merveilleux ! J'ai appris qu'un meilleur rapport à l'argent améliorait indéniablement ma capacité à me sentir égale – une sensation vraiment extraordinaire. Ma capacité à aimer y a également gagné.

Beaucoup d'hommes se sentent menacés quand leurs compagnes progressent, étendent leur rayon d'action et réussissent dans leurs entreprises. Ils ont peur de ne plus leur être nécessaires. Quand elles acquièrent de la force, ils se sentent plus faibles. Je me souviens d'un homme d'une cinquantaine d'années qui n'arrêtait pas de rabaisser sa femme et ses aptitudes à une époque où elle essayait de développer son commerce. Quand je lui ai demandé de prendre le miroir et de voir ce qui se cachait derrière son comportement blessant, il a découvert que c'était sa crainte de la perdre si elle avait trop de succès. Il éprouva beaucoup de remords en se rendant compte que c'était sa peur qui le dirigeait – et la faisait souffrir – et non une motivation basée sur la réalité. Il s'excusa et se mit sur-le-champ à travailler sur ses propres angoisses. Au bout d'un laps de temps relativement court, il put apporter un grand soutien à son épouse. Voilà un exemple de plus de l'importance de la lucidité – acquise en regardant dans le miroir – pour construire un amour durable.

La situation a une dimension ironique. Quand vous dépassez votre peur, vous gagnez la *véritable* sécurité qui découle de la connaissance de votre propre force. Quand vous éprouvez cette véritable sécurité, votre aptitude à la compassion et à la bienveillance augmente et vous donnez beaucoup plus d'amour et de respect à votre partenaire.

Même si la confusion est le prix (provisoire) à payer pour l'établissement des nouveaux rapports entre les hommes et les femmes, rares sont ceux qui souhaiteraient revenir en arrière. Avant notre marche vers l'égalité des sexes, la tristesse qui pesait sur le cœur de tant de femmes et d'hommes insatisfaits était totalement inacceptable. Nous bénéficions tous aujourd'hui d'une merveilleuse multitude de choix. Oui, il y a toujours des femmes qui *préfèrent* rester à la maison pour élever les enfants et s'occuper du foyer. Et il y a toujours des hommes qui *préfèrent* partir tous les matins gagner la subsistance de leur famille. Mais la différence, c'est qu'aujourd'hui, C'EST UN CHOIX. Heureusement, une grande variété de possibilités est accessible à ceux qui ont d'autres aspirations. Selon moi, le meilleur des mondes possibles est devant nous, même s'il nous reste du chemin à faire.

Dans le monde d'aujourd'hui, il n'y a pas une bonne façon d'être un homme ou une femme dans son couple. Vous devez juste prendre le miroir pour découvrir votre objectif ici-bas ET RELEVER VOS MANCHES ! Dans l'idéal, votre partenaire vous soutient dans votre accomplissement. Mais s'il s'oppose à votre programme ou que vous vous opposez au sien, prenez le miroir et faites preuve de beaucoup d'imagination pour gérer la situation.

Malheureusement, trop de gens restent attirés par le couple « à l'ancienne ». Nous n'avons pas encore adapté notre regard (et nos cœurs) au « nouveau style », aux êtres qui feront de vrais amis et partenaires. C'est la raison de tant de déceptions et de divorces. Le deuxième essai offre une chance de faire un meilleur choix. Certains la saisissent et d'autres non.

Il est difficile de renoncer à ses attentes ; pourtant, ce sont elles qui vous empêchent d'avancer et vous maintiennent dans l'insatisfaction et la frustration. Si vous parvenez à vous en dégager, vous devenez libre de regarder en vous afin d'entrer en contact avec votre force propre. Et c'est la conscience de cette force qui vous donne une nouvelle forme de sécurité issue du meilleur de vous.

Malgré tout, vous devez conserver une attente très puissante. J'ai présenté celle-ci dans *Opening our Hearts to Men.* Homme ou femme, je vous suggère de la mémoriser et de vous en servir pour vous guider lorsque vous rencontrez des difficultés dans votre relation amoureuse. La voici :

> « Je n'attends qu'une chose de cette relation – qu'elle dure une semaine, vingt-cinq ans ou jusqu'à ce que la mort nous sépare –, c'est de continuer à apprendre à ouvrir mon cœur et devenir une personne plus aimante. Je l'accepte comme l'un des objectifs les plus élevés de mon existence. »[2]

Oui, votre but supérieur l'emporte ! En restant fixé sur l'objectif de devenir une personne plus aimante, vous pouvez obtenir une amélioration de votre relation de couple – et de votre vie – tout à fait spectaculaire.

Défi numéro 2
Les « sur-rectifications » ne sont pas rares

Dans notre ancienne société déséquilibrée, la douceur, la tendresse, la sensibilité et l'instinct nourricier étaient des caractéristiques assignées aux femmes ; la force, l'assurance, la rationalité et l'instinct de protection étaient attribués aux hommes. En vérité, nous possédons tous – sans distinction de sexe – des « qualités masculines » et des « qualités féminines ». Les hommes possèdent la capacité à se montrer doux, tendres, nourriciers et sensibles. Les femmes peuvent faire preuve de force, d'assurance, de rationalité et d'instinct protecteur. Ce qui nous amène à comprendre que :

Toutes ces qualités sont des qualités humaines. Elles ne sont pas exclusivement masculines ou féminines.

Malheureusement, la société s'est détournée de cette réalité essentielle. En conséquence, nous avons été pour la plupart formés, plus ou moins subtilement, à n'être que la moitié de ce que nous sommes réellement. L'éducation des femmes s'est employée à les rendre douces, tendres, nourricières et sensibles. L'éducation des hommes s'est employée à les rendre forts, assurés, rationnels et protecteurs. Au cours de ces dernières années, nous avons tous, chacun à notre manière, cherché à rencontrer l'autre moitié de ce que nous sommes. Mais, dans le processus, nombre d'entre nous ont échangé une moitié d'eux-mêmes contre l'autre. *Le pendule est revenu trop loin dans l'autre sens :*

> Au lieu d'ajouter le *fort-affirmé-rationnel-protecteur au doux-tendre-nourricier-sensible*, beaucoup de femmes ont tout simplement laissé tomber le doux-tendre-nourricier-sensible.
>
> Au lieu d'ajouter le *doux-tendre-nourricier-sensible au fort-affirmé-rationnel-protecteur*, beaucoup d'hommes ont tout simplement laissé tomber le fort-affirmé-rationnel-protecteur.

En conséquence, nous sommes nombreux à être déséquilibrés ! Nous devons absolument récupérer ce que nous avons perdu *sans perdre nos acquis* !

Cette « sur-rectification » est peut-être nécessaire au début. Certaines femmes ont peut-être besoin de s'écarter de l'image traditionnelle de la féminité pour « s'approprier » la perception de leur force. Certains hommes ont peut-être besoin de s'écarter de l'image traditionnelle de la virilité pour « s'approprier » leur côté plus doux. L'une de mes élèves avouait sur le ton de la plaisanterie qu'elle était devenue odieuse et dominatrice quand elle avait commencé à pénétrer dans la partie puissante de son être !

Elle avouait que son comportement déplaisant était l'une des causes de son divorce. Alors, si vous souhaitez faciliter le processus d'inévitable changement, prenez le miroir pour déceler ce que vous avez perdu en route afin de devenir un être humain complet.

Ne désespérez pas. Avec le temps, vous vous sentirez plus à l'aise dans vos nouveaux rôles et vous reviendrez à un état d'esprit plus équilibré représentant la TOTALITÉ de votre personnalité :

> doux ET fort ET tendre ET assuré ET nourricier ET rationnel ET protecteur ET sensible

Voilà un être humain complet ! Magnifique ! Et quelle splendeur de voir les deux sexes apprendre à assimiler la totalité de ce qu'ils sont et à l'exprimer en actes. Cette nouvelle définition de l'intégrité procure un formidable bien-être. Avec le temps, j'ai appris à m'approprier le masculin et le féminin qui sont en moi, et cela a énormément influé sur la qualité (et l'égalité au sein) de mon mariage actuel.

L'intégrité est indiscutablement un objectif essentiel et digne d'efforts. Comme vous le voyez, vos attentes faussées par rapport à votre partenaire découlent d'une vue déséquilibrée des attributs de genres. Il ne fait aucun doute à mes yeux qu'une relation amoureuse idéale réunit deux êtres qui ont développé toute la palette de leurs talents et sentiments. De telles personnes sont riches, pleines de vie et d'une compagnie agréable. Elles se sentent plus entières et, sachant qu'elles ont la maîtrise de leur expérience de l'existence, elles ont beaucoup moins d'exigences irréalistes vis-à-vis de leur partenaire.

Vous voyez également comment le fait de se sentir entier permet de se libérer de la dépendance, qui, comme vous l'avez déjà appris, a des effets destructeurs sur la relation amoureuse. Mieux encore : *en vous sentant fort et entier, vous devenez capable d'aider votre partenaire à se sentir également fort et entier* – ce qui est aussi un atout capital pour une relation aimante.

Défi numéro 3
Les experts ont des avis divergents

Beaucoup de gens contestent l'idée développée plus haut d'une similitude psychoaffective des hommes et des femmes. Il est vrai qu'hommes et femmes réagissent et se comportent très différemment sur beaucoup de plans. La question est : « Est-ce inné ou acquis ? » Pour certains experts, nous sommes biologiquement différents ; pour d'autres, c'est l'éducation qui est responsable des différences entre les hommes et les femmes.

Inné et acquis expliquent probablement ces différences, mais je partage plutôt l'avis de ceux qui mettent en avant l'importance de l'acquis. Bien entendu, il existe des différences entre les sexes (Dieu merci !), mais je pense que les différences psychoaffectives proviennent principalement de l'éducation. On continue de dire aux petits garçons sensibles : « Les garçons ne pleurent pas » et aux petites filles casse-cou : « Les filles ne grimpent pas aux arbres ». Les garçons qui ont envie de jouer avec les poupées de leurs sœurs se retrouvent avec des camions miniature entre les mains. L'éducation est certainement responsable d'un grand nombre de différences de modes de pensée et de comportements entre les hommes et les femmes d'aujourd'hui.

J'ai une bonne raison de penser ainsi : j'ai vu ces différences disparaître quand les membres des deux sexes investissent de nouveaux rôles. Par exemple, de plus en plus d'hommes deviennent nourriciers en choisissant de rester à la maison pour s'occuper des enfants, tandis que leurs femmes deviennent protectrices en choisissant de gagner la plus grande part du revenu de la famille. Cela représente un renversement total des rôles traditionnels. Même si la société continue à considérer avec dédain les personnes qui font ce type de choix, nous vivons une période de transition. Le fait qu'hommes et femmes défient la tradition et fixent leurs propres règles révèle que beaucoup d'experts se sont trompés – et continuent de se tromper quand ils affirment que les différences entre les sexes sont innées.

J'étais consternée en entendant un psychologue très populaire déclarer : « Femmes, il faut vous y faire. C'est comme ça que nous (les hommes) sommes. Taciturnes, lunatiques, désordonnés. » Je me suis dit intérieurement : « Quels autres mensonges se raconte-t-il pour justifier sa conduite lamentable ? » Et j'ai éprouvé beaucoup de compassion pour sa femme ! Je pourrais ajouter qu'aucun de mes deux maris n'était ou n'est taciturne, lunatique ou désordonné ! Alors ne croyez pas aveuglément les experts !

L'une de mes élèves, Lilly, raconta à la classe qu'elle avait dit à sa psychothérapeute – alors qu'elle était au milieu de sa procédure de divorce – qu'elle envisageait de confier la garde des enfants à son mari tant il s'occupait bien d'eux. Mais cette dernière déclara que les hommes ne pouvaient pas être nourriciers, car ils n'étaient pas aussi proches des enfants que les femmes, et qu'elle pensait que ce serait une erreur de confier la garde des enfants à leur père. Sa démonstration laissa Lilly dubitative. La thérapeute ne connaissait pas son mari, contrairement à elle. Elle décida donc de conserver son idée et de confier la garde des enfants à son mari. Et avec le recul, il s'avéra que c'était une excellente décision. Heureusement, dans l'intérêt des femmes comme des hommes, de plus en plus de couples suivent l'exemple de Lilly.

De même, pendant des années, certains experts nous ont affirmé que, biologiquement, les femmes sont des « nidificatrices » alors que les hommes préfèrent l'aventure. Pourtant, j'ai récemment lu un article du *Sunday Times* consacré à une étude révélant que les rôles se sont inversés. Les célibataires de sexe masculin sont statistiquement plus désireux que leurs équivalents féminins de se poser et de se marier[3]. Selon l'article, les femmes sont devenues plus assurées et plus aventureuses et les hommes se montrent plus anxieux. En outre, ces derniers souhaitent quelqu'un sur qui compter. L'article cite Richard Scase, professeur de sociologie à la Kent University : « *Les femmes sont maintenant plus affirmées et plus sûres d'elles. Elles sont aussi beaucoup plus ambitieuses que les hommes, plus audacieuses et plus entreprenantes.* » Si la plupart des études qui paraissent me laissent sceptique, je soupçonne que la possibilité d'étendre notre palette de rôles a entraîné de nombreux renversements dans le comportement des hommes et des femmes.

Voici où je veux en venir : *ne laissez pas les opinions des experts (y compris moi !) affecter la façon dont vous choisissez de vivre une relation amoureuse.* Ces experts ont peut-être raison ou peut-être tort. Appuyez-vous sur votre propre sagesse : prenez le miroir, regardez en vous ce qui vous paraît juste, puis suivez ce que vous dicte votre cœur.

Défi numéro 4
Les traditions brouillent la question de l'égalité

De nombreuses traditions, en apparence innocentes et parfois fort belles, exercent toujours une influence sur nous. Par exemple, les pères continuent de « donner » leur fille à un homme qui prendra soin d'elle. Oups ! Ce n'est pas vraiment un symbole d'égalité entre les sexes. Le jour de mon mariage avec Mark, nous avons traversé l'église en nous tenant par la main pour symboliser que nous suivions le chemin de la vie ensemble. Ma fille Leslie a choisi de marcher vers l'autel entre mon ex-mari et moi. Elle souhaitait que ses deux parents la conduisissent symboliquement à sa nouvelle vie, d'adulte, avec son mari Michael. Si vous êtes une femme et que vous avez envie que votre père vous mène à l'autel, splendide ! – je ne cherche pas à briser le cœur d'un père – mais conservez ceci au premier plan de vos pensées :

> « J'aime mon père. Je sais qu'il est heureux de me conduire à l'autel. Je suis ravie qu'il le fasse mais je dois aussi me souvenir que je suis adulte et désormais capable de prendre soin de moi et de mon mari, chaque fois que c'est nécessaire. Dieu merci, nous pouvons chacun prendre soin de l'autre. Alléluia ! »

Si vous êtes un homme, gardez à l'esprit, en voyant votre fiancée traverser l'église au bras de son père :

> « Même si son père mène sa fille à l'autel pour me la “donner ”, elle n'est pas une enfant dont il faut s'occuper ; elle est mon épouse. Nous suivrons ensemble le chemin de la vie en égaux, prenant mutuellement soin de l'autre. Alléluia ! »

Je trouve que ce sont de magnifiques réflexions, précieuses pour les deux sexes.

Une autre tradition très séduisante consiste pour une femme à prendre le nom de son mari. Pour beaucoup de gens, cela sous-entend qu'elle se place sous la protection de son époux. Peut-être avez-vous remarqué que Mark et moi avons des noms de famille différents ? À mon premier mariage, j'ai adopté le nom de mon mari. Quand j'ai divorcé, je ne voulais plus de ce patronyme, mais je ne voulais pas non plus revenir au nom de mon père. Je voulais un nouveau nom pour une nouvelle vie. Ma mère a adoré cette idée. Donc, après avoir testé un grand nombre de noms ensemble, nous avons choisi « Jeffers ». Il convenait parfaitement *. Quand j'ai épousé Mark, je savais que je ne prendrais pas son nom. Heureusement, il ne s'attendait pas à ce que je le fasse. Sur le plan symbolique, mon nouveau nom me rappelait que j'étais une personne autonome. Je n'appartenais à personne d'autre. Je suppose que j'avais besoin de ce rappel. Bien sûr, vous avez le droit de prendre le nom de votre mari, mais n'oubliez jamais que vous êtes entière et capable de tenir seule sur vos deux jambes en partenaire égale en amour.

Fait intéressant et heureuse surprise : Anthony, le mari de ma belle-fille Alice, a pris SON nom ! Il voulait qu'ils portent le même et Alice ne voulait pas laisser le sien. C'était la première fois que je voyais un homme adopter le patronyme de sa femme – et j'espère bien que ce ne sera pas la dernière.

Ces exemples montrent clairement combien les traditions d'une époque révolue qui paraissent inoffensives en surface, ralentissent le processus d'évolution des mentalités. Ne vous culpabilisez pas si vous choisissez de suivre certains rituels. Gardez juste à l'esprit leur sens profond et rappelez-vous que vous devez aborder, vous et votre partenaire, la relation de couple en égaux, de manière à pouvoir vous aider mutuellement à vivre une existence aimante, féconde et riche.

---

* N.d.T. : en Grande-Bretagne, il est possible de changer de patronyme sans formalité légale ni raison particulière.

Défi numéro 5
Les comptes abondent

L'un des problèmes que pose la liberté de notre monde actuel est lié au partenariat. Dans une relation aimante, les partenaires ne tiennent pas les comptes et ne marchandent pas en disant : « J'ai fait cela pour toi, tu dois maintenant faire cela pour moi. » Dans l'idéal, les deux membres d'un couple se préoccupent de leur bien-être personnel et de celui de leur conjoint. Ils accomplissent les tâches à remplir sans comptabilité mesquine. Ils cherchent à progresser ensemble et à nourrir leur vie amoureuse avec harmonie et fluidité. Une association ne fonctionne pas quand elle devient un concours à qui en fera le plus ou le moins.

Si vous vous sentez surchargé parce que vous en faites trop, vous risquez de succomber à la fatigue et/ou au ressentiment. Voici la stratégie que je vous conseille :

1. Pour atténuer la colère ou le ressentiment qui pourraient vous habiter, pensez à tous les cadeaux que votre partenaire apporte à votre vie. *La gratitude pour ce qui est bon permet de contrebalancer ce qui est mauvais.*
2. Prenez le miroir et identifiez le ou les domaines où vous vous sentez surchargé.
3. Sans cesser d'être reconnaissant, réfléchissez aux modifications de votre mode de vie qui pourraient soulager votre impression de surcharge.
4. Quand vos idées sont claires sur le sujet – *très* claires –, discutez-en *affectueusement* avec votre conjoint. La discussion devrait ressembler à : « Chéri(e), j'ai des problèmes à faire ça et ça. Quelle solution pourrait convenir à tous les deux ? » Vous remarquerez que vous ne formulez aucun reproche. En abordant le problème avec amour et clarté, vous vous donnez toutes les chances d'aboutir à une solution où vous y gagnez tous les deux.

Dans l'idéal, les membres du couple fixent ensemble les règles de leur partenariat. Chaque couple est différent, et les règles qui sont bonnes pour l'un ne le sont pas obligatoirement pour l'autre. À l'évidence, ces règles ne sont pas gravées dans le marbre. Le temps passant ou la situation évoluant, elles peuvent être modifiées. Mais même si votre conjoint se montre réticent à coopérer, le miroir reste votre instrument le plus fiable. Il vous indiquera la marche à suivre pour adapter la situation à vos besoins – d'une manière ou d'une autre.

Défi numéro 6
Les temps changent ; nous changeons

Même après une longue période de compatibilité des rôles, l'un des membres du couple peut changer d'avis sur la façon dont il veut mener sa vie. Par exemple, Cathleen a été parfaitement heureuse pendant de nombreuses années dans son rôle d'épouse et de mère, puis elle a décidé qu'elle voulait retourner à l'Université pour obtenir un diplôme. Cette décision a fortement ébranlé le socle de sa relation avec son mari.

Comme ce dernier était assez fort pour soutenir le désir de sa compagne de reprendre des études, le glissement de terrain a causé peu de problèmes. Bien entendu, au début, il fallut aplanir quelques difficultés pratiques, mais le nouveau mode de vie se mit rapidement à fonctionner à merveille.

Bill, de son côté, a voulu devenir écrivain après des années à exercer un métier très prenant et qui ne lui plaisait pas. Ce changement de métier imposait une restriction des dépenses du ménage au départ, mais sa femme gagnait un salaire suffisant pour subvenir aisément à leurs besoins. Malheureusement, cette dernière s'est opposée au projet. La rancœur a lentement grandi chez Bill car il se sentait piégé dans une vie qui n'était plus librement choisie.

Dans une relation amoureuse idéale, les deux partenaires ne s'accrochent pas à leur rôle. Chacun est assez fort pour accompagner les changements. La clé consiste à ne pas se figer sur ses positions et à apprendre à profiter du courant. C'est assurément un grand défi ! Même les plus habiles à se laisser porter par les évolutions de la vie ont souvent une réaction initiale de peur quand ceux-ci se produisent. (Je peux voir des hochements de tête, là-bas !) Avec les outils adaptés – tels ceux que j'expose dans ce livre et dans mes autres ouvrages –, vous pouvez apprendre à dépasser votre peur afin de recommencer à accompagner ces changements.

Encore une fois, il n'existe pas de bonne ou de mauvaise manière de se comporter dans une relation de couple. Vous devez établir vos propres règles au fur et à mesure. C'est le « processus » de la relation qui importe... et qui pose un défi. Utilisez-vous la relation pour apprendre à devenir une personne plus aimante ou imposez-vous à l'autre des exigences basées sur vos propres angoisses ?

En progressant sur le chemin de l'amour, vous connaîtrez des sentiments de confusion car vous découvrirez des territoires que vous ne connaissez pas. À mes yeux, une relation de couple offre de merveilleuses occasions d'en apprendre davantage sur soi-même, de prendre conscience de ce qui vous reste à apprendre et des choses pour lesquelles vous devez éprouver de la gratitude.

Pour la première fois dans l'histoire récente, chaque couple ne peut compter que sur lui-même pour bâtir une relation saine et forger sa propre vision de la vie à deux.

Nous vivons une époque de grands défis ! Aussi devons-nous acquérir une conscience profonde des points où nous restons enlisés. Et notre meilleur outil reste le miroir.

Défi numéro 7
Trouver de nouvelles raisons pour rester en couple

Il est évident qu'aujourd'hui de nombreuses raisons de vivre à deux ont disparu. Les hommes apprennent à cuisiner, à entretenir la maison et à s'occuper des enfants, ils n'ont plus besoin qu'une femme le fasse pour eux. Les femmes apprennent à s'assumer financièrement, elles n'ont plus besoin qu'un homme les entretienne. J'ai même entendu une femme déclarer : « Qui a encore besoin des hommes ? Je peux élever mes enfants et gagner ma vie sans avoir un mari qui m'encombre. » Je me suis dit intérieurement : « Pauvre femme ! Elle ne connaît pas le bonheur d'aimer sincèrement un splendide être humain et d'être aimée de lui. »

Les unions ne sont plus comme jadis fondées sur la dépendance. Les gens peuvent davantage choisir avec qui ils veulent ou ne veulent pas être – et ils peuvent même décider de rester seuls. Personnellement, je considère qu'il s'agit d'une TRÈS BONNE NOUVELLE. Nous avons maintenant la possibilité de vivre à deux pour des raisons beaucoup plus satisfaisantes qu'auparavant. Nous ne vivons plus à deux pour assurer notre survie mais pour *apprendre et progresser ensemble ; soutenir les rêves de l'autre ; connaître la magie du dialogue et de l'action en commun.* Il s'agit là de splendides composants du véritable amour, où les deux membres du couple s'aident mutuellement à atteindre la plénitude. Ce processus de toute une vie fait qu'il est merveilleux de *vieillir* ensemble.

Quand je regarde autour de moi, je vois de nombreux signes indiquant qu'hommes et femmes commencent à trouver des avantages à ces rôles étendus :

- De plus en plus de femmes prennent plaisir à travailler, tandis que les hommes apprécient de s'investir davantage dans la vie de leur famille.
- De plus en plus de femmes acquièrent un sentiment de force en développant leurs talents, tandis que les hommes sont libérés de la pression de devoir assurer seuls les revenus du ménage.
- Subvenir aux besoins de leur famille plutôt que de rester toujours dans la dépendance de leur mari donne une plus grande assurance à un nombre croissant de femmes, tandis que de plus en plus d'hommes sont fiers des accomplissements de leur compagne.
- De plus en plus d'hommes sont attirés par des femmes fortes, tandis que de plus en plus de femmes sont attirées par des hommes affectueux et tendres.
- De plus en plus de femmes et d'hommes espèrent trouver un véritable partenaire en amour, pour partager, profiter de la vie et prendre soin l'un de l'autre.

J'ai pensé que vous prendriez plaisir aux commentaires très encourageants qui suivent. Ils sont tirés d'entretiens que j'ai eus avec des représentants des deux sexes :

> « J'ai été éduqué à tenir les commandes. Mais je crois que l'amour est plus important que le pouvoir. Et certainement plus puissant ! »

> « Il ne fait aucun doute que ma femme est mon égale. J'adore ça. Pourquoi voudrais-je être marié à quelqu'un qui m'est inférieur ? »

> « Oui, je m'y perds parfois, mais je ne voudrais certainement pas revenir en arrière. Mon mari et moi

apprenons petit à petit à être nous-mêmes et à nous soutenir mutuellement dans cet apprentissage. »

« J'aime entrer en contact avec mon côté soi-disant féminin. Quand je prépare de bons petits plats pour ma femme, quand je donne le bain à mon fils et le couche, quand je participe au ménage, je me régale ! Je trouve formidable de pouvoir faire tout cela ! »

« Je me sens tellement en sécurité dans ma relation de couple depuis que je sais que je peux être moi-même sans que mon mari me critique. Cela me rend consciente de la chance que j'ai. »

« Je ne veux vraiment pas avoir ma femme à ma charge. C'est comme de porter un bagage supplémentaire. Nous avons déjà assez de mal à nous occuper des enfants. Pourquoi devrais-je m'occuper de ma femme ? Elle est assez grande et assez intelligente pour prendre soin d'elle-même. »

« Pour la première fois, je découvre ce que le mot *amour* veut dire. Ma femme et moi nous mettons mutuellement en valeur. Nous éprouvons de la reconnaissance l'un pour l'autre. Toute colère est vite dissipée. Son indépendance m'a rendu un peu nerveux au début, mais j'en vois maintenant les avantages. Je tirais quelque chose d'être le dominant, mais je me rends compte que je perdais aussi beaucoup. Je me sens beaucoup plus sincère dans la relation. Je peux exprimer mes sentiments et elle peut le faire aussi. La menace a disparu. C'est une sensation géniale. »

« Je crois que nous éprouvons tous de la confusion. Pour nous tous, c'est une quête. Mon mari a autant de mal que moi. Mais en évoluant ainsi ensemble, j'éprouve un grand bonheur d'être avec lui. Les

> angoisses prendront peut-être parfois le dessus et causeront des problèmes, mais comme nous les affronterons ensemble, nous nous en sortirons, comme nous l'avons toujours fait dans le passé. »

Nous n'en sommes malheureusement pas tous là. Il va falloir du temps avant que la liberté dont nous jouissons désormais soit acceptée de tous, mais je crois vraiment qu'un jour viendra où les femmes diront : « Pourriez-vous croire que nous attendions des hommes qu'ils fassent cela pour nous ? » Et les hommes diront : « Pourriez-vous croire que nous attendions des femmes qu'elles fassent cela pour nous ? » Et tous diront : « Mais à quoi pensions-nous ? »

Quand j'ai exposé ces concepts dans l'un de mes séminaires, je m'attendais à de fortes résistances. Au contraire, j'ai vu un grand soulagement s'afficher sur les visages de toutes les personnes assises en face de moi. C'était comme si je venais de leur fournir une explication, une réponse, un chemin à suivre. Une partie des interrogations sur la difficulté d'aimer s'était évaporée. Ce fut un moment très émouvant.

Les femmes ne peuvent pas redevenir les enfants qu'elles étaient « au bon vieux temps », et les hommes ne peuvent pas redevenir les « papas » qu'ils étaient pour leurs femmes. Non, nous devons aujourd'hui avancer ensemble, côte à côte, pour construire une relation amoureuse adulte. N'est-ce pas magnifique !

Leçons d'amour

1. Analysez vos attentes

Considérez avec attention vos vieilles attentes et vos nouvelles libertés, avec l'aide du miroir. Prenez le temps de poser par écrit les réponses aux questions suivantes :

- « Qu'est-ce que j'attends réellement de mon partenaire ? »
- « Des modes de pensée dépassés président-ils à ma conception d'une relation amoureuse ? »
- « Comment puis-je rester entier sans me perdre dans mon partenaire ? »
- « Comment rester aimant tout en suivant mes propres rêves ? »
- Quand mes attentes entrent-elles en conflit avec mes désirs déclarés ? »
- Mesdames, vous avez aussi besoin de vous poser des questions comme :
- « Pourquoi est-ce que j'attends que mon partenaire assume financièrement la charge du ménage et pourquoi le critiqué-je quand il travaille tard le soir et ne passe pas assez de temps en famille ? »

Messieurs, vous avez aussi besoin de vous poser des questions comme :

- « Pourquoi est-ce que j'attends de ma femme qu'elle assume l'essentiel de la charge des enfants et de la maison alors que nous travaillons tous les deux ? »

Pour analyser en profondeur vos incohérences et vos attentes, vous devez avoir un niveau de conscience élevé. Il vous faut en effet distinguer les domaines où de vieilles habitudes de pensée entravent une relation aimante. Sans conscience, vous ne pouvez que répéter sans fin les mêmes actes destructeurs. Et une rupture devient souvent inévitable. Vous devez vous tourner vers vous-même pour découvrir ce que vous pouvez faire pour devenir une personne plus aimante – ce qui est le but premier d'une relation amoureuse, comme vous l'avez déjà appris.

2. Éduquez-vous mutuellement

Les hommes et les femmes ont beaucoup à apprendre les uns des autres, mais encore doivent-ils être prêts à s'écouter. Il y a beaucoup de choses que les femmes ne savent pas faire parce qu'on ne les leur a pas enseignés. Il y a beaucoup de choses que les hommes ne savent pas faire parce qu'on ne les leur a pas apprises. Ouvrons donc la voie à une nouvelle forme d'éducation, où, en nous employant à devenir entiers et égaux, nous apprenons l'un de l'autre. Par exemple :

• Messieurs, montrez à ces dames comment changer un pneu ; et, Mesdames, montrez-vous prêtes à apprendre.
• Mesdames, montrez à ces messieurs comment préparer le dîner et, Messieurs, montrez-vous prêts à apprendre.
• Messieurs, enseignez à ces dames comment l'argent se gère ; et, Mesdames, montrez-vous prêtes à apprendre.
• Mesdames, « accaparez » le volant suffisamment longtemps afin de trouver naturel que ce ne soit pas votre homme qui conduise et, Messieurs, laissez-vous conduire.

Vous commencez probablement à comprendre l'idée. Pensez à tous les comportements stéréotypés dont vous faites preuve dans la relation amoureuse et modifiez-les. Vous êtes nombreux à avoir déjà beaucoup appris des membres du sexe opposé et vous conviendrez – j'en suis sûre – que plus vous en savez, plus vous avez l'impression d'être un individu complet. Faites donc de l'apprentissage et de l'enseignement une part enrichissante de vos relations avec l'autre sexe.

3. Faites bon usage de votre colère

La colère révèle que vos attentes vous dirigent et qu'elles entravent l'amour. Si vous utilisez votre colère déplacée pour blesser votre partenaire, vous mettez votre couple en danger. En revanche, si vous utilisez une colère déplacée comme outil de progrès, vous la transformerez en émotion précieuse. Il est facile de changer le négatif en positif. Nous prenons le miroir et nous posons une fois de plus les questions importantes : « Qu'est-ce que je ne fais pas moi-même et qu'est-ce que j'attends que mon partenaire fasse pour moi ? Comment puis-je changer ce qui ne marche pas ? »

Quand vous assumez la responsabilité de ce que vous ressentez, votre colère s'évanouit.

La colère vous donne une impression de puissance, mais à moins que vous l'utilisiez pour apprendre ce que vous devez modifier en vous, elle est stérile. Elle vous leurre en vous faisant croire que vous avez raison d'être agressif. En réalité, elle témoigne clairement que vous ne contrôlez pas vos réactions. Elle vous conduit à accuser votre partenaire et à vous poser en victime. Enfin, si vous ne prenez pas le miroir, elle peut devenir malveillante et hideuse ; il suffit de voir le nombre de procédures de divorce qui se déroulent dans la haine et la destruction.

Vous comprenez pourquoi le miroir revêt une telle importance quand vous éprouvez de la colère. Quand vous assumez la responsabilité de votre vie, votre colère disparaît et vous cessez d'attribuer des torts à l'autre. Vous entrez alors en contact avec votre vraie puissance !

CHAPITRE 13
NOUS NOUS LE DEVONS À NOUS-MÊMES... NOUS LE DEVONS À L'AUTRE

« Si vous menez votre vie comme si vous étiez un personnage de roman minable, l'univers vous emboîtera le pas. Mais si vous menez votre vie comme si vous étiez doté d'une identité cosmique, comme un être qui compte, alors l'univers vous prendra au sérieux ! »

Marianne Williamson [1]

J'aimerais conclure cette partie du livre en évoquant un problème qui affecte un grand nombre de couples aujourd'hui, souvent sans qu'ils en aient conscience. Je veux parler de la soi-disant « guerre des sexes ». Vous vous demandez peut-être en quoi celle-ci a le moindre rapport avec votre capacité à construire un amour durable. En fait :

Si vous n'aimez pas, ne respectez pas et n'admirez pas le sexe opposé, par définition vous n'aimerez pas, ne respecterez pas et n'admirerez pas votre partenaire *.

---

* Ceci, bien sûr, ne s'applique pas aux relations homosexuelles... Mais est-ce bien sûr ? Toute personne ayant un conflit irrésolu avec des membres de l'espèce humaine a un gros travail à faire pour se rendre libre d'aimer dans le cadre d'une relation de couple.

Logique, n'est-ce pas ? Je crois profondément que nos sentiments généraux pour le sexe opposé donnent le ton de nos relations personnelles. Et même si vous aimez l'autre sexe, lisez, s'il vous plaît, ce chapitre. Vous pouvez jouer un rôle important dans l'apaisement de cette guerre destructrice.

Laissez-moi commencer par une petite histoire. Certaines personnes croient à tort que la guerre des sexes a commencé avec le mouvement féministe des années 1960. Pourtant en 1897, une habitante du Queensland, en Australie, éprouvait assez de colère envers la gente masculine pour distribuer au plus grand nombre de femmes possibles une recette *détaillée* de cuisson d'un mari en huit étapes ! Je parie que cette femme ne construisit jamais un bel amour avec son époux – ni avec aucun autre homme d'ailleurs. Malheureusement, les choses ont peu changé. À la fin des années 1980, lors d'une conférence féministe organisée à Ottawa, au Canada, on pouvait se procurer un badge portant les mots suivants : « Un bon homme est un homme mort ». En 2002, selon Keira Wagner, certaines féministes radicales continuaient de prêcher le même message odieux [2].

Bien entendu, les femmes ne sont pas les seules à être en guerre ; les hommes sont aussi engagés dans le combat. Citons une des plaisanteries du satiriste P. J. O'Rourke :

> « Il existe un certain nombre d'appareils mécaniques augmentant le désir sexuel, en particulier chez les femmes. Le principal est la Mercedes-Benz 380SL décapotable. »

En fait, de nombreux sites Internet regorgent de blagues ridiculisant les hommes ou les femmes. Je sais qu'il ne s'agit que de plaisanteries... Peut-être. Mais nous parlons ici de construire un bel amour, et je peux vous assurer que ce genre d'humour ne contribue pas à la cause.

Oui, la guerre des sexes est toujours d'actualité au XXIe siècle. En fait, elle fait FUREUR, vraiment FUREUR ! Et si votre conscience n'est pas en éveil, vous risquez de ne pas remarquer que cette guerre destructrice rend malheureux de nombreux hommes et de nombreuses femmes... ni même qu'elle se déroule sous vos yeux tous les jours. En fait, vous risquez même de l'encourager involontairement. Par exemple, vous rirez d'une plaisanterie sur le sexe opposé – souvent quand votre partenaire est dans la pièce. Nous aimons tous rire ; mais avez-vous envie de rire de l'avilissement d'un autre être humain ?

Vous devez prendre davantage conscience des multiples formes que prend la guerre des sexes et cesser de traiter les membres du sexe opposé avec mépris.

- Remarquez combien les blagues sur les membres du sexe opposé manquent de compréhension et de compassion.
- Remarquez à quel point il est peu aimant de se construire aux dépens de ceux dont on se moque.
- Remarquez les blessures que votre insensibilité cause à autrui.
- Remarquez la laideur inhérente au fait de se moquer d'autrui.

N'est-il pas surprenant que *la majorité des gens trouve normal ce harcèlement mutuel des deux sexes* ? Je pense qu'il en est ainsi parce que nous n'avons pas toujours conscience du tort que nous causons aux autres, y compris à notre partenaire. Et vous ? Avez-vous l'habitude de vous moquer du sexe opposé ? Que vous en soyez conscient ou pas, sachez qu'une telle attitude érode l'estime de soi.

Vous vous considérez probablement comme une personne affectueuse et généreuse. Pourtant, quand vous rabaissez l'autre sexe, vous avez un comportement blessant et insensible. En revanche, quand vous respectez et rendez hommage aux représentants du sexe opposé, vous jetez les fondements d'une nouvelle forme de relation avec vous-même et les autres, une relation de compassion, de sollicitude et d'amour. *Et :*

Avoir de l'amour pour l'autre sexe se traduit immanquablement par de l'amour pour son conjoint.

Il est temps, pour de très nombreuses raisons, de mettre fin à cette guerre dévastatrice et d'établir entre hommes et femmes un sentiment joyeux et apaisé d'amour mutuel. Qui voudrait s'opposer à un tel changement? Pourtant, nous résistons. Je me souviens qu'au moment de la publication d'*Opening our Hearts to Men,* j'ai participé à une émission télévisée dont la présentatrice était très hostile. Elle a commencé l'interview en disant : « *Ouvrir nos cœurs aux hommes,* je parie que les féministes ne sont pas prêtes à vous pardonner d'avoir écrit un livre portant un tel titre ! » Je fus déconcertée par sa remarque car je trouvais que le titre de mon livre était plein d'amour et d'espoir. Je répliquai :

> « Pardonnez-moi ! Je suis féministe. Mais je ne savais pas que l'objectif du Mouvement de libération des femmes était la haine des hommes. Je croyais que les femmes cherchaient à développer leurs capacités et à s'épanouir et je ne vois pas en quoi haïr les hommes est une preuve de réussite ! Je suis fière d'être une femme qui aime les hommes ! »

J'étais très en colère et rien ne pouvait plus m'arrêter. J'expliquai :

> « J'ai appris à aimer les hommes en faisant ce que toutes les femmes – féministes ou non – devraient faire. Je me suis affirmée, j'ai assumé la responsabilité de mon vécu, j'ai dispensé mon amour dans ce monde, et cela inclut l'amour des hommes. Et puisque nous y sommes, se libérer, c'est faire rayonner sa lumière. Les hommes n'ont rien à voir là-dedans ! *Se libérer* veut dire “atteindre le maximum de son être”. Il s'agit de puiser en soi toute la force et tout l'amour que l'on peut rassembler et d'avancer en se sentant bien dans sa peau et fière de tout l'amour et de toute la générosité qu'on apporte à ce monde, et non de toute la haine qu'on y déverse. Se libérer, c'est prendre sa vie en charge et se respecter ; et quand on se comporte ainsi, la colère disparaît. Quelle raison reste-t-il de se mettre en rage quand on assume la responsabilité de son vécu ? Aucune. »

Pendant toute l'émission, la présentatrice fit beaucoup d'efforts pour réfuter tout ce que je disais, et son animosité devint à la fin une éclatante démonstration de tout ce que j'essayais de défendre.

La sortie de mon livre s'est aussi accompagnée de séances de signature. La majorité des femmes me félicitaient d'avoir écrit un tel livre, mais d'autres étaient furieuses et me disaient avec colère : « Leur ouvrir nos cœurs ? Pas question ! Pourquoi est-ce qu'ils ne nous ouvrent pas les leurs ? » J'expliquais alors que les hommes avaient eux aussi besoin d'ouvrir leurs cœurs, bien entendu, mais que le livre n'abordait pas les questions masculines car son objet était de renforcer le pouvoir des femmes.

J'avoue que, de nombreuses années après la rupture avec mon premier mari, je critiquais les hommes avec délectation. Je disais à mes merveilleuses copines, toujours prêtes à écouter mes lamentations : « Est-ce que tu peux croire qu'il a fait ceci ? » ou « Est-ce que tu peux croire qu'il a fait cela ? ». Et elles hochaient la tête avec une expression incrédule, puis ajoutaient : « Est-ce que tu peux croire... ? » Nous étions tellement persuadées de faire partie de l'élite du genre humain et nous lamentions en disant : « Ah, si seulement nous pouvions tomber sur un homme doté des qualités supérieures de nos amies. » Et pendant ce temps, *je n'arrivais pas à comprendre pourquoi je ne parvenais pas à trouver un compagnon gentil et aimant.* Si j'avais regardé dans le miroir à cette époque, j'aurais sûrement compris beaucoup de choses !

Dieu merci, j'ai fini par voir que je me trompais – ce qui m'a permis de construire une relation de couple divinement satisfaisante, ce que je souhaite à toutes les lectrices et à tous les lecteurs de ce livre. J'ai appris que les hommes et les femmes devaient déposer les armes pour devenir des partenaires vivant ensemble le formidable, mais parfois difficile, voyage de l'existence. Je vous livre quelques-unes des cent une raisons d'agir ainsi qui me sont venues à l'esprit quand j'ai enfin compris comment construire une relation aimante.

1. Il est temps

Vous conviendrez avec moi que la guerre des sexes a duré beaucoup trop longtemps. Mais certains d'entre nous aiment, en fait, la guerre car elle donne une justification à leur vie. C'est triste, mais vrai. En revanche, la majorité d'entre nous détestent la guerre car celle-ci enlève à l'existence et à l'amour leur véritable éclat. Il est temps d'arrêter ce conflit déprimant et d'établir une coexistence pacifique et joyeuse entre les hommes et les femmes. J'ai moi-même parcouru le chemin menant de la guerre à la paix et de la haine à l'amour, et ce voyage a transformé toute mon expérience de la vie et de l'amour.

2. La guerre des sexes ne connaît pas de vainqueurs

Laissez-moi prendre un exemple de l'entêtement des humains. Des expériences en laboratoire ont montré qu'on peut apprendre aux rats à emprunter un labyrinthe pour trouver du fromage et que ceux-ci finissent par essayer un autre chemin s'il n'y a plus de fromage. Les êtres humains sont différents des rats : même quand le fromage a disparu, ils continuent de suivre la même voie ! N'est-ce pas étonnant ? Il suffit de considérer le taux de divorces – une des nombreuses ramifications de la guerre des sexes – pour comprendre que la colère et la haine ne sont pas bénéfiques. Il est temps de chercher une voie qui apporte plus d'harmonie et d'amour en ce monde... et dans nos vies personnelles.

3. Qui se ressemble s'assemble

Regardez la vérité en face. Si votre cœur est plein de colère et d'amertume à l'égard du sexe opposé, vous repoussez les membres doux et aimants de l'autre sexe avec lesquels vous pourriez nouer une relation satisfaisante. Je suis convaincue que la colère et l'amertume contribuent au taux élevé de divorces. Les gens chaleureux, doux et aimants cherchent la compagnie de gens chaleureux, doux et aimants. En ouvrant votre cœur, vous améliorerez les rapports au sein du couple – si vous êtes engagé amoureusement – et vous attirerez beaucoup plus de gens aimants dans votre orbite si vous êtes célibataire.

4. L'amour est plus agréable que la colère

J'ai critiqué les hommes pendant des années et je peux vous assurer qu'éprouver de la colère ne donne aucun plaisir. Elle nous transforme en collectionneurs obsessionnels d'injustices et nous rend aveugles à la beauté et à l'abondance incroyables qui nous entourent. Depuis que je me suis libérée de la colère en affrontant la souffrance et la peur qu'elle dissimulait, la vie s'est comme par magie transformée en paradis sur Terre. L'amour est l'émotion suprême. Pourquoi choisir la colère quand il est possible de choisir l'amour ? Pourquoi briser son propre cœur ?

5. Les gens qui aiment sont plus séduisants que les gens qui détestent

Voilà une incitation à être aimant ! Et fondée ! Aucun produit de beauté ni aucune chirurgie esthétique ne peuvent effacer la laideur qu'engendrent la haine et le manque d'assurance – deux symptômes d'un cœur fermé. Alors, si vous souhaitez faire bonne figure, travaillez sur votre colère et votre ressentiment. Rictus et regards dédaigneux n'ont rien de séduisant. Ils génèrent une énergie très négative perceptible par tous, en particulier par votre conjoint ! Les gens qui aiment sont sans aucun doute plus beaux que ceux qui haïssent.

6. Des lits plus chauds !

J'ai eu chaud et j'ai eu froid. Mieux vaut avoir chaud. Si vous considérez votre partenaire comme un ennemi, il ne réchauffera pas votre lit ! Quand nous sommes en colère, nous évitons le contact avec notre partenaire et nous nous privons du bonheur de nous pelotonner contre un autre être humain pour jouir de sa chaleur. Nous passons à côté de la beauté du sexe entre deux partenaires qui s'aiment. Toute personne affectivement saine a du mal à trouver sexy quelqu'un qui est haineux. Lorsque nous nous laissons envahir par le ressentiment, nous perdons beaucoup. Une couverture électrique ne réchauffera jamais autant qu'un partenaire qui vous dit : « Je t'aime. »

7. Moins de problèmes de santé

Il est avéré que la colère perturbe le système immunitaire et ouvre la porte à des affections comme le cancer et les maladies cardiaques. Elle se comporte comme un poison dans l'organisme. Je ne sais pas si ma colère a contribué au développement de mon cancer du sein, il y a plus de vingt ans, mais je sais que c'est à cause de ma maladie que j'ai décidé de m'attaquer à ma colère et d'apprendre à envelopper mon corps d'amour. Dans la société actuelle, nous nous inquiétons des polluants extérieurs mais nous oublions les polluants intérieurs sécrétés par la négativité. La science confirmera mes dires... ou les infirmera, mais il ne fait aucun doute que l'harmonie entre le corps, l'esprit et l'âme embellit l'existence.

8. La libération d'espace dans nos esprits

Quand je critiquais les hommes, la négativité du bavardage qui encombrait mon esprit me rendait folle. Quel gaspillage quand on sait de quelles merveilles notre esprit est capable ! Mon esprit aurait pu être empli de choses positives au lieu d'être envahi d'amères critiques. Je comprends aujourd'hui que les heures passées avec mes amies à dire du mal des représentants du sexe opposé étaient une terrible perte de temps ! Au lieu de récriminer et de nous plaindre, nous aurions pu discuter des occasions prometteuses que la vie nous offrait. Quand vous êtes empli d'un sentiment de haine, vous êtes sur une spirale descendante. Pour en sortir, vous devez prendre conscience de la douleur et de la peur qui se cachent derrière la contrariété. La spirale peut alors redevenir ascendante et vous conduire vers un espace transcendant et empli de joie.

9. Des enfants plus heureux

Si vous avez des enfants, je suis sûre que vous vous efforcez de leur donner une éducation propre à en faire des adultes sains et heureux. Mais avez-vous pensé à l'effet désastreux que produisent les horreurs que vous prononcez sur les membres du sexe opposé devant eux ? Dans leur intérêt, efforcez-vous de tenir des propos plus responsables. Vos paroles se transformeront si vous êtes inspiré par l'amour et non par la colère.

10. Moins de violence

La violence entre hommes et femmes n'a pas disparu. Si nous sommes pleins de colère, nous traitons l'autre avec agressivité et nous recevons de l'agressivité en retour. Quand nous aimons et nous soucions des autres, la violence diminue. Le processus est simple à inverser.

11. Des membres aimants du sexe opposé peuvent nous rendre plus intelligents

Je ne plaisante pas. Si nous parvenons à baisser les armes, nous pouvons dire à l'autre : « Apprends-moi ceci. Apprends-moi cela. » Comme je l'ai indiqué dans le chapitre 12, nous pouvons être l'un pour l'autre une merveilleuse source de connaissances ! Les stéréotypes fondés sur le sexe, véhiculés par la société, nous ont coupés d'une moitié de nous-mêmes. Un amour plus grand entre les sexes permet d'acquérir la moitié que nous n'avons pas développée. Les hommes peuvent découvrir, sans renier l'essence de leur identité, combien il est beau de s'occuper des autres et de s'ouvrir à ses émotions, et les femmes peuvent découvrir la beauté de l'assurance et de la force. Cette compréhension et cet apprentissage mutuels permettent de remplacer la distance entre les sexes par un merveilleux sentiment d'intimité.

12. L'amour rend la vie plus agréable

Êtes-vous déjà sorti avec un couple en conflit ? Êtes-vous déjà sorti avec un couple aimant ? Quelle soirée vous a laissé le meilleur souvenir ? Personnellement, je ne prends aucun plaisir à la compagnie d'hommes et de femmes qui s'envoient sans arrêt des piques. Je n'ai qu'une envie : fuir toute cette négativité! Les partenaires de ce type de couple aimeraient probablement, eux aussi, échapper à ces ondes négatives. Dieu merci, ils en ont le pouvoir. Il leur suffit de prendre davantage conscience de leurs actes et de commencer à modifier le rapport belliqueux qui existe entre eux.

13. Moins d'infidélités et moins de divorce

Quand notre cœur est fermé, nous devenons de piètres compagnons. Les murs emprisonnant notre cœur créent une intense sensation de solitude – pour notre conjoint comme pour nous-mêmes. Nous nous fermons à l'amour qui pourrait adoucir notre impression d'isolement et nous ne voyons plus la beauté qui habite notre conjoint. Il arrive alors que l'un des membres du couple – ou les deux – aille chercher ailleurs ce regard valorisant. Cette fermeture à l'autre peut aussi causer une rupture définitive. Ce schéma se répétera sans fin tant que les « leçons d'amour » n'auront pas été apprises.

14. L'amour crée de la beauté

Il est étonnant de voir comme le monde change d'aspect en fonction de notre humeur. Si vous trouvez que l'autre moitié de l'espèce humaine est belle, vous verrez beaucoup de beauté partout. Si vous pensez que l'autre moitié de l'humanité est laide, vous verrez beaucoup de laideur partout. Ainsi, ce que nous contemplons dépend profondément de notre propre attitude. Quand notre cœur s'ouvre, nous sommes envahis par la beauté du monde qui nous entoure. Nous regardons avec des yeux affectueux, compatissants et généreux. Pourquoi avoir un cœur fermé, quand un cœur ouvert rend le monde tellement plus beau? Je vous garantis que vous pouvez faire ce choix.

15. La planète a besoin de notre amour
La colère est contagieuse. Heureusement, comme je l'ai déjà évoqué au chapitre 3, l'amour est lui aussi contagieux. Si notre cœur est aimant, nous augmentons la quantité d'amour qui circule dans le monde. Or, le monde d'aujourd'hui a plus que jamais besoin d'amour. Les horreurs qui se déroulent partout dans le monde reflètent la jalousie, l'avidité, le désir de vengeance et l'inflexibilité nés de cœurs fermés – le nôtre compris.

16. Tout le monde préfère les fins heureuses!
En développant vos capacités d'amour, vous orientez votre histoire personnelle dans un certain sens. Un bel amour ne peut exister qu'une fois que vous avez accédé à la beauté intérieure de votre être – et à celle de votre partenaire. Et quand cette porte est ouverte, vous pouvez véritablement vivre heureux à jamais.

Et maintenant, je pose à nouveau la grande question :

Y a-t-il une seule raison de ne pas en finir avec la guerre des sexes ?

En apparence, non ! Mais allons un peu au-delà... *À mon avis, la seule raison, pour un individu – homme ou femme –, de ne pas vouloir mettre un terme à sa guerre des sexes personnelle, est la peur de regarder à l'intérieur de soi et de reconnaître ses manquements et son refus d'assumer la responsabilité de sa propre existence.*

S'il vous plaît, relisez cette phrase. Je faisais partie de ce type de personnes et j'ai réussi à prendre le miroir. Bien sûr, rester aveugle et blâmer l'autre *paraît* moins effrayant. Mais il arrive un moment où vous devez vous demander : « Est-ce vraiment ainsi que je veux vivre ? » et « La voie que je suis conduit-elle à de meilleures relations, à une existence plus épanouie et à l'acceptation joyeuse de ce qu'offre la vie ? » Vous savez, comme moi, que la réponse à ces questions est non. En fait, cette voie mène à l'isolement, à la solitude, à l'amertume, au vide et à une existence plombée par des relations amoureuses malheureuses. Il est temps de dépasser votre peur, de vous emparer du véritable pouvoir et de devenir un être humain aimant et soucieux des autres.

Il est malheureusement probable que la guerre des sexes dure encore un certain temps. Mais j'ai une bonne nouvelle : vous n'avez pas besoin, pour construire un bel amour, de vous préoccuper du vaste monde et des autres ; *vous devez seulement acquérir la maîtrise de vos paroles, de vos actes et de vos cœurs.* En conséquence, si vous êtes engagé d'une manière ou d'une autre dans la guerre des sexes, vous pouvez apprendre à lâcher vos armes et à commencer à vous approcher de l'autre sexe au lieu de le fuir et de le combattre.

Demandez-vous sans relâche :

- « Comment puis-je arrêter la guerre dans ma vie ? »
- « Comment puis-je devenir suffisamment conscient pour me débarrasser d'une habitude profondément enracinée ? »
- « Comment puis-je m'éveiller ? »
- « Comment puis-je éliminer de mon existence toute remarque sexiste ? »

Nous avons besoin d'instruments et de rappels pour transformer nos habitudes négatives en habitudes aimantes. Les « leçons d'amour » suivantes incluent quelques exercices très efficaces. Ils vous aideront à créer une situation où tout le monde est gagnant : vous et l'homme ou la femme de votre vie, vous et l'ensemble des hommes ou des femmes.

Leçons d'amour

1. Apprenez la valeur du mot *certain*

Grâce au mot *certain*, il vous sera plus facile de ne pas généraliser. Nous avons l'habitude de dire : « Les hommes sont tous pareils » ou « Les femmes sont toutes pareilles ». C'est faux! Tous les hommes ne sont pas semblables et toutes les femmes ne sont pas identiques.

Nous avons l'habitude de généraliser lorsque nous parlons des membres du sexe opposé. Même les professionnels, pourtant informés, tombent dans ce piège en disant, par exemple : « Pourquoi les hommes font-ils toujours cela ? » ou « Pourquoi les femmes font-elles toujours cela ? ». Afin de ne plus faire ce type de généralisation, entraînez-vous à glisser le terme *certain* dans vos phrases. Vous direz alors : « Pourquoi *certaines* femmes agissent-elles ainsi ? » ou « Pourquoi *certains* hommes agissent-ils ainsi ? ».

Votre regard sur les autres changera automatiquement. Observez votre entourage et vous constaterez que :

> CERTAINS hommes sont peu soigneux ; CERTAINES femmes sont peu soigneuses.
>
> CERTAINS hommes sont ordonnés ; CERTAINES femmes sont ordonnées.

> CERTAINS hommes sont de bons éducateurs ; CERTAINES femmes sont de bonnes éducatrices.
>
> CERTAINS hommes ne sont pas de bons éducateurs ; CERTAINES femmes ne sont pas de bonnes éducatrices.

> CERTAINS hommes préfèrent rester à la maison avec les enfants ; CERTAINES femmes préfèrent rester à la maison avec les enfants.

CERTAINS hommes préfèrent aller travailler ; CERTAINES femmes préfèrent aller travailler.

CERTAINS hommes sont rationnels ; CERTAINES femmes sont rationnelles.

CERTAINS hommes sont émotifs ; CERTAINES femmes sont émotives.

CERTAINS hommes sont violents ; CERTAINES femmes sont violentes.

CERTAINS hommes sont doux et aimants ; CERTAINES femmes sont douces et aimantes.

Je pourrais continuer cette énumération mais je crois que vous avez compris.

Mon expérience personnelle m'a toujours montré l'inanité de ces stéréotypes. Par exemple, j'ai entendu de nombreuses femmes déclarer : « Les hommes ne rangent jamais. » Cette phrase n'a aucun sens pour moi car, bien que j'appartienne indiscutablement au sexe féminin, je ne range jamais alors que mon premier et mon second mari sont tous deux très ordonnés. Par considération pour eux, j'ai fait beaucoup d'efforts et je continue d'en faire mais je dois admettre que ranger ne m'est pas naturel.

Voici un autre exemple de stéréotype erroné : j'ai vu récemment à la télévision un reportage sur un soldat qui m'a beaucoup émue. Sa femme, militaire également, avait été envoyée en mission dans une autre partie du monde ; aussi était-il seul à s'occuper de leurs trois jeunes enfants. Il était soldat le jour et papa le soir. Il s'occupait de ses enfants avec une tendresse et un amour manifestes et trouvait insultante l'idée que seules les femmes pouvaient prendre soin de leurs enfants ; il affirmait : « Je sais que je peux m'occuper de mes enfants aussi bien que ma femme. » Et à le voir à l'œuvre, je suis sûre qu'il disait vrai.

Je ne pense pas non plus que les hommes soient moins émotifs que les femmes. Je crois plutôt que la société leur a appris à mieux dissimuler leurs émotions. Récemment, j'ai écouté des hommes que leurs femmes avaient quittés. Croyez-moi, ils étaient beaucoup plus affectés et tristes que certaines femmes abandonnées que j'ai reçues. Leurs vies leur paraissaient vides et dépourvues de sens et certains étaient tentés par le suicide. Les hommes sont beaucoup plus nombreux que les femmes à mettre fin à leurs jours en cas de rupture d'une relation amoureuse. Aussi n'hésité-je pas à affirmer que certains hommes sont profondément sensibles.

Donc, à partir de maintenant, 1) n'oubliez pas de dire « CERTAINS hommes » et « CERTAINES femmes » afin de garder à l'esprit l'idée que les membres d'un même genre ne sont pas tous identiques, et 2) faites attention aux stéréotypes sur les sexes que vous véhiculez ou qui circulent autour de vous.

2. Intervenez quand vous entendez des gens dénigrer l'autre sexe

Faites preuve de vigilance et, si quelqu'un rabaisse devant vous les membres du sexe opposé, demandez-lui *avec affection* de cesser. Ainsi, vous apporterez votre contribution à l'apaisement du conflit entre les sexes en aidant d'autres personnes à briser une mauvaise habitude.

Je vous donne un exemple : alors que vous buvez un verre avec des amis, l'un d'eux, homme ou femme, fait une plaisanterie sexiste. Tout le monde rit. Dépassez votre peur d'être mal jugé et dites : « Arrêtons de dire du mal des hommes/femmes. Parlons plutôt de ce que nous aimons chez les hommes/femmes. » Rappelez à tous que rire aux dépens d'autrui rabaisse. Il est probable que l'un ou plusieurs de vos amis remercient. En effet, nous n'avons pas conscience de nos tics avant qu'on nous les fasse remarquer. Si personne ne vous remercie ou si on vous contredit, demandez-vous si vous avez envie de fréquenter des gens rongés par la colère et la négativité. En progressant sur le chemin de l'amour, la réponse s'imposera d'elle-même.

3. Commencez à remarquer combien le sexisme – subtil et moins subtil – est généralisé

Il est partout : à la télévision (dans les séries souvent), dans les livres, dans la publicité, etc. Il peut même être présent à un endroit où il n'a aucune place : dans le domaine de la psychothérapie.

L'une de mes élèves m'a dit avoir cessé sa thérapie parce que son thérapeute attisait la guerre des sexes en déclarant que les femmes étaient supérieures aux hommes. Rien n'indique, sur le plan général, que l'un des deux sexes soit, par nature, supérieur à l'autre. Je suppose que cette femme avait des problèmes avec les hommes et avait vraiment besoin d'aide elle-même.

Quand vous commencerez à faire en sorte que l'amour, plutôt que le conflit, règne entre hommes et femmes, les blagues sexistes ne vous feront plus rire et les remarques sexistes vous paraîtront stupides et sans fondement. Et plus vous gagnerez en conscience, plus vous remarquerez cette négativité et souhaiterez y remédier pour vous et les autres.

Maintenant, je vais vous dire pourquoi il est important que vous ouvriez votre cœur aux personnes du sexe opposé. Ouvrir son cœur est un acte d'amour *de soi* et rien n'est plus triste que de traverser l'existence avec un cœur fermé. Rappelez-vous toujours :

> **Quand vous ouvrez votre cœur, vous ne laissez pas seulement l'amour sortir, vous le laissez aussi entrer.**

Le paradis !

4. Renseignez-vous avant de participer à un atelier d'hommes ou de femmes

Les descriptions des thèmes de séminaires regroupant hommes ou femmes peuvent se révéler très trompeuses. Il y a quelques années, je remarquai l'annonce d'un atelier se proposant d'aider les femmes à trouver leur place. Par curiosité, je décidai d'appeler pour avoir plus de détails. Je suis tombée sur l'animatrice à qui je demandai les thèmes qu'elle envisageait de couvrir. Elle m'a répondu que le but de son atelier était de travailler sur la souffrance que les femmes subissaient à cause de l'oppression des hommes. Mon Dieu !

Je lui ai alors répondu d'une voix très conciliante : « Vous avez raison : les femmes sont oppressées dans certains domaines mais les hommes le sont aussi dans d'autres. » Je lui ai fait remarquer que, parce que j'étais une femme, je n'avais pas à porter le fardeau psychologique de devoir subvenir aux besoins d'un homme, que j'avais pu choisir de rester à la maison pour m'occuper de mes jeunes enfants ou d'aller travailler. Je lui ai dit aussi que mon ancien mari n'avait pas eu cette liberté car son « rôle » était de prendre soin de nous. Enfin, j'ai conclu en remarquant que, par certains côtés, les deux sexes sont opprimés et qu'hommes et femmes doivent travailler ensemble pour établir une réelle égalité entre eux. Mais mon discours, malgré le ton calme avec lequel il était prononcé, a manifestement tellement irrité cette femme qu'elle a raccroché. Quand je pense qu'elle dirige des ateliers !

Cet exemple souligne qu'il est important de prendre des renseignements avant de vous engager dans un groupe ou un séminaire. Si vous vous retrouvez dans un groupe de femmes ou d'hommes, ou un atelier, où la mentalité de victime est entretenue, exprimez-vous. Prenez le risque d'être impopulaire. Peut-être qu'une personne dans la pièce vous entendra. Rappelez-vous que plus vous parlerez avec affection et modestie et plus vous aurez de chances d'être entendu... peut-être !

5. Considérez les membres du sexe opposé avec compassion

Cherchez toujours à regarder derrière les apparences. Même si l'on essaie de vous persuader que les hommes et les femmes viennent de planètes différentes, la vérité est que nous sommes tous des êtres humains agissant de notre mieux. Nous éprouvons tous – hommes et femmes sans distinction – de la douleur face à certains événements ; nous voulons tous aimer et être aimés, réussir notre vie ; etc. Bien entendu, des différences physiologiques existent – elles permettent la survie de l'espèce –, et hommes et femmes, comme je l'ai dit plus haut, reçoivent des éducations différentes. Mais, au niveau affectif, nous désirons presque tous les mêmes choses : la paix, l'amour, nous accomplir et avoir l'impression de compter et d'avoir une place sur Terre.

Je vous suggère de vous arrêter un instant pour contempler votre partenaire : par exemple, quand il regarde la télévision ou est plongé dans un livre ou dans une réflexion. Voyez les espoirs, les rêves et les craintes qui se cachent sous les apparences et ouvrez votre cœur. Dites-vous :

> « Voici une personne exactement comme moi... qui connaît les mêmes émotions difficiles que moi – la peur, la frustration, la colère et toutes les autres –... qui veut être aimée tout comme moi. Je ferai tout ce qui est en mon pouvoir pour rendre sa vie belle. »

Souvent, nous n'avons pas conscience des sentiments de notre partenaire. Vous avez là l'occasion d'ouvrir les yeux et d'éprouver de la compassion, l'une des émotions humaines les plus magnifiques et les plus aimantes. Lucy, l'une de mes élèves, tenta cette expérience en regardant son mari jouer avec leur fils. Elle fut surprise de ce qu'elle ressentait et se promit de ne plus jamais porter sur lui le regard critique avec lequel elle le contemplait auparavant.

Si vous êtes célibataire, il est important d'« étreindre » les membres du sexe opposé. Rappelez-vous que, si vous êtes en colère, cynique et dédaigneux, vous ferez fuir les partenaires potentiels. En outre, une personne saine ira naturellement vers des gens aux cœurs ouverts, et non vers un être plein de condescendance.

Que vous viviez ou non une relation de couple, commencez à regarder attentivement les représentants du sexe opposé. Même si certains aspects de leur comportement vous dérangent, rappelez-vous la merveilleuse réplique de Zig Ziglar : « *Tout acte odieux est un appel au secours.* » Aidons-nous mutuellement – plutôt que de nous combattre – en suivant ensemble la route parfois très difficile de la vie.

6. Faites des excuses

Dans l'un de ses ateliers, Marianne Williamson demanda aux hommes et aux femmes présents de se placer face à face et de s'adresser mutuellement cette excuse à la fois belle et spectaculaire :

> « Si moi ou n'importe quel représentant de mon sexe t'avons jamais blessé(e), s'il te plaît, pardonne-moi... et, s'il te plaît, pardonne-nous. »[3]

Dites-vous l'un à l'autre ces mots sur-le-champ. Sentez-vous que votre cœur se met à fondre ? Mark et moi avons prononcé ces excuses mutuelles et nous en avons pleuré d'émotion.

Pouvez-vous imaginer à quoi ressemblerait le monde si tous les hommes et toutes les femmes se plaçaient face à face pour faire cette déclaration ? N'est-ce pas un moyen splendide de mettre un terme à la guerre des sexes et d'entreprendre un voyage collectif sur le chemin de l'amour ? Nous n'avons pas de contrôle sur le reste du monde, mais je vous suggère de suivre cet exemple avec votre partenaire. Regardez-vous simplement dans les yeux et prononcez ces mots magnifiques.

Et n'en restez pas là. En marchant dans la rue, adressez mentalement ces mots magnifiques aux représentants du sexe opposé que vous croisez. Imaginez la charge d'amour et de bienveillance dont vous rayonnerez. Elle guérira votre cœur et commencera à guérir le cœur de tous ceux vers qui vous dirigez votre amour.

7. Cessez de jouer le rôle de la victime

J'ai parlé tout au long de ce livre des dangers de la position de victime. L'état de victime est une triste et impuissante fixation égocentrique. Les femmes ne sont pas des victimes, les hommes ne sont pas des victimes – à moins qu'ils ne choisissent de l'être. L'autre sexe n'est pas responsable ; nous avons permis que la guerre des sexes se maintienne mais nous pouvons maintenant décider d'y mettre fin. Souvenez-vous qu'en jouant le rôle de la victime, *vous renoncez à toute maîtrise.* Vous restez esclave de votre peur – ce qui vous empêche de prendre les mesures nécessaires à la réalisation de vos souhaits.

Donc, quand vous accusez le sexe opposé – et notamment votre partenaire – de tous vos problèmes, prenez le miroir et demandez-vous :

> « Comment puis-je changer ce qui ne marche pas ? »

Voilà une question vraiment puissante. Nous sommes trop nombreux à nous contenter de tendre un doigt accusateur en refusant de nous prendre en charge : nous choisissons d'endosser le rôle de victime. Rien ne l'impose. Dieu merci, nous pouvons tous entreprendre un voyage personnel au-delà de la peur afin de passer d'une position de souffrance à une position de pouvoir ce qui ouvre la voie à une existence splendide.

Passer de la colère à l'amour n'est pas toujours facile. La colère est parfois agréable car elle recèle une fausse impression de puissance. En outre, elle masque la peur, la sensation d'être menacé et la douleur. Vous devez avoir le courage d'arracher ces masques et de chercher la vérité qui est cachée derrière. La quête en vaut largement la peine. Être en permanence en colère vous nuit beaucoup.

N'oubliez jamais que les causes sous-jacentes de la peur ont peu de rapport avec ceux que nous tenons pour responsables. Elles découlent en dernier ressort du fait que nous ne prenons pas nos existences en charge et que nous ne nous respectons pas en tant qu'êtres humains. Quand nous dépassons notre peur, prenons nos vies en charge et rendons hommage à ce que nous sommes : notre terreur s'atténue. Nous déposons les armes. Nos tendances belliqueuses disparaissent. Nous sommes en paix. Nous nous sentons profondément heureux et aux commandes de nos vies. Et, en conséquence, nous ouvrons notre cœur et nos bras au plus formidable sentiment du monde : l'AMOUR ! Formidable ! Nous nous devons d'atteindre l'amour et nous le devons aux autres.

Conclusion
« Devine ce que j'ai fini par trouver ! »

« Ne marche pas derrière moi,
je pourrais ne pas conduire.
Ne marche pas devant moi,
je pourrais ne pas suivre.
Marche à côté de moi
et sois simplement mon ami. »

Attribué à Albert Camus

Il m'a fallu aller très loin dans mon voyage à travers l'existence avant de trouver ce que nous sommes nombreux à chercher. Avez-vous deviné ce que j'ai fini par trouver ? L'âme sœur ! Où l'ai-je découverte ? C'est difficile à croire mais mon âme sœur était sous mes yeux ! Je dînais avec cet homme merveilleux qui est devenu mon mari depuis de nombreuses années. Un soir, je l'ai regardé et j'ai eu une divine révélation : Mark était mon âme sœur ! Avant d'avoir cette révélation, je croyais que rencontrer l'âme sœur faisait partie de tout ce que l'on raconte sur l'amour et que cela n'arrivait jamais dans la vraie vie. Je me souviens d'un professeur déclarant sur le ton de la plaisanterie que la probabilité de mettre la main sur l'âme sœur était extrêmement faible. Elle nous conseillait de nous consoler en songeant que nous avions mis la main sur celle de quelqu'un d'autre. Sa plaisanterie me fait toujours rire, mais j'ai fini par me rendre compte qu'elle était fausse, du moins en ce qui me concerne. La grande découverte fut pour moi que :

> **On « trouve » son âme sœur avec le temps en partageant vie et amour.**

La rencontre n'a pas lieu d'un coup comme on nous le dit. Le statut d'âme sœur ne peut être conféré qu'au bout d'un certain temps. Avant que ce lien magnifique entre deux âmes puisse naître :

- Il faut traverser les périodes difficiles.
- Il faut apprécier les moments merveilleux.
- Il faut s'affranchir des contentieux mesquins.
- Il faut apprendre à communiquer avec amour.
- Il faut dépasser la peur et devenir une personne forte, aimante et attentionnée.
- Il faut se détendre et rire de son humanité.

Il est donc logique que l'âme sœur *ne soit pas* la personne dont vous tombez instantanément amoureux en l'apercevant à l'autre bout de la proverbiale pièce bondée. Avec le temps, cette personne finira peut-être par devenir votre âme sœur. Mais il faut du temps... et de l'amour... et de la sollicitude... et de la reconnaissance. En général, les vieux couples heureux que j'interroge me disent : « Nous sommes plus amoureux aujourd'hui qu'aux premiers jours. » Oui, vivre avec son âme sœur assure de plus en plus de bonheur au fil du temps. Une fois que vous aurez tissé ce lien splendide, vous aurez la « connaissance » de ce qui fait plaisir à l'autre. Vous développerez le désir de vous protéger mutuellement, de vous toucher, d'être ensemble et de partager. C'est vraiment un sentiment béni. Mark et moi sommes ensemble depuis plus de vingt-deux ans (dont dix-neuf de mariage), et plus que jamais mon cœur bondit dans ma poitrine quand il franchit la porte. Il me donne du plaisir et j'essaie de lui en donner.

Ceci m'amène à une autre découverte personnelle :

> Vous atteindrez le statut d'âme sœur si vous vivez principalement dans le royaume de votre âme *.

Donc, si vous voulez « trouver » votre âme sœur, vous allez devoir vivre dans votre âme – le *moi* supérieur. Comme je l'ai expliqué plus tôt, le *moi* supérieur est cette part de nous qui est aimante, attentionnée, joyeuse, reconnaissante, respectueuse, gentille et généreuse. Plus nous arrivons à passer de temps dans le royaume de notre âme et plus nous sommes capables de transformer l'insensibilité en amour. Il s'agit en quelque sorte d'un « entraînement pour devenir une âme sœur ».

Mettre de l'âme dans tout ce que vous faites exige que vous honoriez vos engagements. Que signifie réellement l'engagement dans le cadre d'une relation amoureuse ? À mes yeux, s'engager, c'est se jurer à soi-même de contribuer au bonheur et au bien-être de l'autre. Voici quelques engagements requis pour accéder au statut d'âme sœur :

- « Je m'engage à travailler sur les peurs qui entravent ma capacité à aimer. »
- « Je m'engage à dire des paroles aimantes à mon partenaire.

---

* Ce que je vais dire s'applique à tous, que vous viviez ou non une relation de couple. Vous devez penser depuis le *moi* supérieur pour attirer une âme de même qualité. Qui se ressemble s'assemble. Soyez à l'image de votre partenaire idéal et la probabilité de construire un jour un amour véritable augmentera considérablement.

• Je m'engage à dire des paroles aimantes à propos de mon partenaire. »
• « Je m'engage à lui rendre la vie plus facile. »
• « Je m'engage à éprouver de la reconnaissance pour toutes les choses positives qu'il apporte dans ma vie. »
• « Je m'engage à être fidèle. »
• « Je m'engage à être le (la) meilleur(e) ami(e) que mon partenaire pourrait jamais avoir. »

Bien évidemment, personne ne peut honorer ses engagements en permanence. Notre ego (*moi* inférieur) se met souvent en travers pour nous écarter de l'amour. Mais si vous continuez à prendre le miroir et à retourner du côté de l'amour, vous parviendrez plus facilement à tenir vos engagements.

« Susan, et si tu honores tes engagements et que ton partenaire te quitte ? » C'est une bonne question à laquelle j'ai répondu dans *La Vie à bras-le-corps* :

> « Je raconte pour plaisanter que j'adore quand mon mari, Mark, me dit qu'il m'aimera "toujours ", mais ça me rassure tout de même un peu de savoir que je n'ai pas à l'obliger à tenir sa promesse ! Mon premier mariage s'était construit sur l'idée que l'amour durait toujours – et cela n'a pas marché. Cela n'a pas marché non plus pour le premier mariage de Mark. Aussi avons-nous conçu autrement notre second mariage. Nous ne pensons plus en termes de "toujours ". Nous pensons en termes d'"aujourd'hui ". Et chaque fois que nous sommes ensemble, nous nous attachons à voir comment nous pouvons nous valoriser, nous respecter, nous apprécier et prendre soin l'un de l'autre. Et croyez-moi, nous avons construit un amour merveilleux ! Quand vous pensez qu'un amour va durer toujours, vous avez tendance à oublier de vous concentrer sur ici et maintenant... et c'est ainsi que l'amour meurt.

> Quand vous vous attachez à agir avec amour au présent, l'amour a tendance à grandir... Du moins, c'est ainsi que cela se passe pour nous. »[1]

Avoir rencontré son âme sœur ne garantit pas qu'elle passera sa vie entière avec vous. Vous devez profiter de l'instant et sans cesse garder en tête votre priorité : vous valoriser, vous respecter, vous apprécier et prendre soin l'un de l'autre. vous devez aussi vivre avec l'idée que : « Quoi qu'il arrive, je ferai face ! » Ce cadre mental entraîne la disparition de la dépendance et permet à l'amour de grandir.

La route pour accéder au statut d'âme sœur est claire, et les « leçons d'amour » contenues dans ce livre vous mettront dans la bonne direction. Ne vous contentez pas de les effleurer. Elles sont importantes pour vous et pour l'être que vous aimez. Étudiez-les. Vivez-les. En même temps, ayez patience. Vivre dans le *moi* inférieur, la partie la moins aimante de notre personne, est, à mon avis, une mauvaise habitude. Pour briser une mauvaise habitude, *une répétition constante du nouveau comportement désiré s'impose.* Une fois de plus, je vous presse de...

Pratiquer, pratiquer, pratiquer

L'itinéraire est simple, mais sans fin. Notre ego se met en permanence en travers de l'amour. Aussi devez-vous être constamment conscient des moments où il prend les commandes afin de vous hisser jusqu'à votre *moi* supérieur. De cette manière, petit à petit, votre relation de couple évolue. C'est tout le sens de l'entraînement à l'âme sœur.

Nous pouvons tous prendre la décision de mener notre vie avec dignité, amour et bienveillance, et de franchir les barrières intérieures qui nous empêchent de nous conduire en personne aimante. Faire ce choix consiste à mettre de l'âme dans tout ce que nous faisons. Croyez-moi, il est très agréable d'entrer en phase avec son *moi* supérieur car nous comprenons enfin que nous avons beaucoup à donner à notre partenaire et au monde.

Donc, lancez-vous ! Sans plus tarder, engagez-vous à dépasser la peur afin d'apprendre à mettre en œuvre la puissante et aimante énergie de votre *moi* supérieur. En vivant ainsi, instant après instant, jour après jour, en accord parfait, vous ne cesserez de réduire la distance vous séparant de l'amour véritable et de la découverte, enfin, de votre âme sœur. Quel que soit le chemin que vous devez parcourir pour atteindre l'endroit où vous attend le bonheur, *tremblez mais osez !*

Du fond du cœur,

Susan Jeffers

Addenda
Y regarder à deux fois

« Il ne fait aucun doute qu'admettre sa splendeur, c'est constamment affirmer la beauté de son être et l'importance de sa vie… et mener cette vie en fonction. »

Susan Jeffers [1]

Le sujet de cet ouvrage n'est pas la rupture, mais la construction d'un amour durable. Or, toute histoire d'amour comporte la possibilité d'une rupture – qu'il s'agisse de rompre ou d'être quitté. Aussi ne pouvais-je terminer ce livre sans soumettre quelques suggestions aux personnes dont le couple ne fonctionne pas comme elles l'avaient souhaité.

Il peut être nécessaire de mettre un terme à une relation, mais, dans certains cas, vous devez d'abord vous remettre en question. Prendre le miroir plutôt que la loupe offre une chance de transformer le ressentiment éprouvé pour son partenaire en une nouvelle forme de lien et d'amour. Si la séparation se produit néanmoins, souvenez-vous que toute expérience permet d'apprendre et de progresser. Aussi pénible que soit une rupture, elle offre une occasion de découvrir les points que l'on doit travailler pour ne pas se tromper la fois suivante.

Beaucoup d'experts parlent d'« amour inconditionnel ». Ne le répétez à personne, mais de vous à moi, je ne crois pas que l'amour inconditionnel puisse exister entre simples mortels. Du moins, je n'en ai jamais vu. (Je suppose que l'amour pour ses enfants est le plus proche de l'amour inconditionnel, mais même dans ce cas les parents sont en permanence mis à l'épreuve !) Et je ne pense pas davantage que l'amour *doive* être inconditionnel.

> « Je pense que l'amour entre deux adultes se mérite. »

Et ce qui ressemble parfois à de l'amour inconditionnel se réduit souvent à une dépendance malsaine où l'on s'accroche à quelqu'un que l'on aurait tout intérêt à lâcher. *« Mais je l'aime ! »* signifie souvent *« J'ai besoin de lui/d'elle »*.

À mes yeux, distinguer la lumière intérieure qu'un vécu difficile a peut-être masquée chez votre partenaire est peut-être une manière de définir l'amour inconditionnel. Vous parvenez à voir la lumière quel que soit le comportement de votre partenaire. Mais discerner la lumière ne signifie pas qu'il faille rester dans une relation pénible. Si l'amour est source de souffrance, *« Je t'aime et je m'en vais »* est la meilleure solution.

J'ai dit plus haut que vous devez renoncer aux attentes irréalistes ou déraisonnables, mais certaines attentes – être traité avec respect et sollicitude, par exemple – sont sincèrement justifiées dans une relation amoureuse. Si l'autre ne vous donne pas ces marques élémentaires de l'amour, demandez-vous si vous devez continuer la relation.

Si votre partenaire se comporte mal avec vous, vous vous respecterez en prenant la décision de le quitter. Voici quelques exemples.

1. Violence physique

Dans ce genre de situation, rappelez-vous le proverbe : « Si tu me fais mal une fois, honte à toi. Si je te laisse recommencer, honte à moi. » Si mon compagnon exerçait une violence physique sur moi, je prendrais la porte avant qu'il ait le temps de réagir. Il n'y a pas à hésiter dans un tel cas. La remarque s'applique aussi aux hommes battus. Les violences conjugales sont généralement perpétrées par des hommes mais certaines femmes s'en rendent aussi coupables. Femme ou homme, si vous êtes victime d'abus physiques dans votre couple, je vous suggère de partir et de fermer la porte derrière vous. Si vous n'osez pas par peur de représailles, ou si vous croyez que vous « méritez » les coups, ou si vous ne vous sentez pas capable de vous en sortir seul, je vous en prie, cherchez une aide extérieure. Ne laissez pas la honte vous arrêter. Ce n'est pas à vous d'avoir honte, c'est la conduite de votre partenaire qui pose problème, pas la vôtre. La violence physique est sans conteste la meilleure raison de rompre que je connaisse.

2. Violence verbale

La violence verbale est elle aussi inadmissible. Quand je parle de « violence verbale », je ne pense pas aux mots blessants prononcés sous le coup de la colère mais à un déversement continuel de propos critiques et humiliants. Personne – femme ou homme – n'a à supporter un tel traitement.

Si votre partenaire accepte de chercher de l'aide, vous pouvez lui accorder un court sursis (ce que je ne recommande pas en cas de violence physique). Mais, je vous en prie, soyez conscient que vous n'avez pas à vivre avec quelqu'un qui passe son temps à jurer, hurler ou vous adresser des reproches. Prendre des cours de gestion de la colère, pour le responsable de l'abus, ou suivre une psychothérapie, de groupe ou individuelle, pour les deux membres du couple, peuvent apporter une amélioration. Mais, quoi qu'il en soit, il est très difficile de vivre avec le mépris que ce type de partenaire exprime. L'amour ne ressemble en rien à cela.

3. Dépendance à l'alcool ou à des drogues

Un jeune participant à l'un de mes séminaires vint me parler, après le cours, de sa petite amie : « Je l'aime, mais elle boit trop. Elle n'a pas conscience d'avoir un problème d'alcool et refuse de chercher de l'aide. Je sais que je suis supposé la soutenir, mais je ne crois vraiment pas l'aider en acceptant qu'elle boive. » J'approuvai. Il me dit qu'il la harcelait avec son problème d'alcoolisme mais qu'il ne savait pas quoi faire d'autre. Je lui demandai s'il était prêt à l'accepter telle qu'elle était : alcoolique. Il me répondit (à mon avis sagement) : « Non. » Je lui ai expliqué qu'il n'avait aucun moyen de changer son comportement, que c'était à elle d'avoir le désir de cesser de boire. Je lui suggérai de lui dire : « Je t'aime, mais je ne peux pas rester avec toi » et de tourner la page. Il convint qu'il n'avait pas le choix et il la quitta la semaine suivante.

Briser une relation amoureuse est difficile, mais il est encore beaucoup plus dur de l'entretenir quand l'un des partenaires refuse d'assumer la responsabilité de sa conduite destructrice. Il existe néanmoins des couples engagés dans une relation à long terme et dont l'un des membres est alcoolique ou toxicomane, mais ces histoires ne sont pas heureuses. Vivre avec un alcoolique ou un toxicomane est extrêmement pénible. Si c'est votre cas et que votre partenaire ne reconnaît pas qu'il a un problème, rompre est justifié. Al-Anon, une fraternité de parents et d'amis d'alcooliques, a déjà aidé beaucoup de gens dans votre situation [2].

Mais, si votre partenaire prend conscience qu'il a un problème de dépendance et cherche à le résoudre, la relation a de très bonnes chances de survivre. J'ai souvent vu ce type d'amélioration se produire. Les anciens alcooliques et toxicomanes se révèlent des conjoints aimants. Le risque qu'ils replongent subsiste toujours mais, très souvent, ils deviennent des êtres humains d'une grande richesse intérieure. C'est notamment le cas lorsqu'ils suivent les enseignements d'un programme à dimension spirituelle comme celui des Alcooliques anonymes. Je connais ainsi un certain nombre d'anciens alcooliques qui non seulement ont cessé de boire, mais ont aussi pris conscience de leur valeur en ce monde et accomplissent des choses merveilleuses. Leurs couples sont florissants.

Les situations inadmissibles que je viens d'évoquer indiquent que vous avez de bonnes raisons de mettre un terme à la relation amoureuse. Vous pouvez ajouter à cette liste d'autres situations qui vous semblent insupportables. Mais la plupart des séparations n'ont pas des causes aussi évidentes. En fait, parfois, la séparation semble avoir peu de cause réelle. Aussi est-il important d'y regarder à deux fois avant de prendre la décision de rompre. Prenez le miroir au lieu de la loupe afin d'avoir la vision la plus claire possible de ce que vous devez changer en vous-même. Rappelez-vous que, si vous ne tirez pas un enseignement de cette relation, vous répéterez très probablement les mêmes erreurs la prochaine fois.

Voici quelques exemples de situations qu'il est important de réexaminer car elles peuvent beaucoup vous apprendre.

1. La fin du conte de fées

La « soirée enchanteresse » a encore frappé. Souvent, plutôt qu'une personne, nous épousons un fantasme. Mais, inévitablement, la réalité s'invite un jour à la fête et notre Prince ou Princesse se transforme en être humain ordinaire, affligé de manques et de faiblesses. Nos attentes irréalistes et parfois injustes nous rendent aveugles à la beauté qu'il recèle et nous voulons rompre. Mais avant de partir, il convient *d'y regarder à deux fois.*

2. Le désir de « découvrir qui l'on est vraiment »

Si l'on se marie trop tôt, sans avoir eu l'occasion de vivre seul, une dépendance malsaine peut s'instaurer conduisant un jour à la décision de partir pour « découvrir qui l'on est vraiment ». Une question s'impose alors : « Ai-je réellement besoin de partir pour découvrir qui je suis ? » Peut-être que oui, peut-être que non. Mais avant de franchir le pas, il convient *d'y regarder à deux fois.*

3. Nos « rêves » sont inacceptables pour l'autre

Je crois profondément que tout individu doit respecter ses rêves – ses espoirs pour l'avenir. Aussi, si votre partenaire est incapable d'accepter vos choix de vie (comme le mari qui refuse que sa femme prenne un travail), il est légitime de le quitter. Si votre partenaire fait barrage à vos rêves à cause de ses propres peurs, attentes ou besoins de contrôle, il n'est pas raisonnable de rester. Si vous étouffez vos rêves, vous étouffez votre âme. Je ne donne à personne le droit de me détourner de mes rêves et je ne me donne pas le droit de détourner quelqu'un des siens. Demandez-vous : « Ai-je besoin de partir pour vivre mes rêves ? » Peut-être que oui ; peut-être que non. Mais avant de franchir le pas, il convient *d'y regarder à deux fois.*

4. *Le « contrat » change*
« Tu me convenais quand je t'ai rencontré, mais mes envies ont évolué. » Parfois, les gens que nous choisissons conviennent à une période de notre vie et pas à une autre. Nous évoluons tous et souvent d'une manière différente. Nous nous transformons, nous acquérons de nouveaux intérêts, et ces changements mutuels peuvent aboutir à une incompatibilité. Peut-être êtes-vous allé trop loin pour pouvoir revenir sur vos pas afin de rejoindre votre partenaire ? Mais avant de trancher, il convient *d'y regarder à deux fois.*

5. *Le manque d'assurance de l'autre vous empêche de décoller*
Souvent, quand l'un des membres du couple commence à progresser, l'autre perçoit ces avancées comme une menace et fait obstruction. S'il persiste à agir ainsi alors que vous faites tout pour l'assurer de votre amour, il devient nécessaire d'échapper à cette énergie négative et à son effet démoralisant. Si tout le reste échoue, la séparation est peut-être la meilleure solution. Mais avant de franchir le pas, il convient *d'y regarder à deux fois.*

6. *Vous attachez trop d'importance au matériel*
Si notre partenaire ne comble pas vos espérances en matière d'apparence physique ou d'argent, il est nécessaire que vous preniez de la hauteur de vue. Concentrez votre attention sur son cœur et sur son âme, plutôt que sur les éléments extérieurs. S'agit-il d'une personne aimante et attentionnée ? La décision finale sera peut-être de partir. Mais avant de franchir le pas, il convient *d'y regarder à deux fois.*

7. *Vous avez perdu confiance*
Après une infidélité, il est très difficile de recouvrer confiance en l'autre (comme vous l'avez appris au chapitre 9). Il est tentant de rompre, d'autant plus qu'il est

difficile de partager la vie d'un être en qui on n'a plus confiance. Pourtant, un couple peut se ressouder, même après que ses deux membres aient eu des aventures. J'en ai personnellement été témoin. Donc, avant de trancher, il convient *d'y regarder à deux fois.*

8. Vous y avez regardé à deux fois !

Il arrive un moment où, après avoir travaillé sur vous-même, fait de votre mieux pour modifier ce qui n'allait pas, expliqué à l'autre vos motifs de contrariété, vous vous réveillez un matin avec la certitude que l'histoire est finie. Votre partenaire a peut-être une attitude peu aimante, ou vous n'êtes pas en accord avec ce qu'il fait, ou l'amour est parti pour de bon. Quelles qu'en soient les raisons, vous y avez regardé à deux fois avant d'arriver à la conclusion évidente que le moment est venu de vous quitter. *Inutile d'y regarder à nouveau !*

Les situations ci-dessus sont de merveilleuses occasions de vous entraîner à devenir intérieurement plus fort et plus aimant, de déterminer quand vos attentes sont déraisonnables, d'apprendre à apprécier le positif et de faire preuve de créativité pour résoudre les problèmes.

Il n'existe qu'une école de la vie en couple : vivre une relation de couple ! J'avais l'habitude, entre mes deux mariages, de rompre dès qu'un problème se posait. J'estimais ne pas avoir encore assez progressé pour vivre une relation amoureuse. Mais j'ai finalement compris – alors que je me débrouillais très bien toute seule – *que, si je voulais apprendre à vivre une relation amoureuse, je devais avoir une relation amoureuse !* (Il est étonnant de voir combien l'évidence nous échappe si souvent.)

Au début de ma relation avec Mark (avant que je l'épouse), il y a eu des moments où j'ai eu envie de le quitter, comme j'avais quitté les autres. Mais je me suis tenue à la décision d'apprendre plutôt que de prendre la fuite. Et j'ai beaucoup appris – notamment que la plupart des problèmes avaient pour origine mes propres peurs et mes propres angoisses. Au fur et à mesure que je m'efforçais d'acquérir de l'assurance au sein de la relation, au fur et à mesure que j'apprenais à devenir « vulnérable en sécurité », au fur et à mesure que je m'initiais au secret de la communication honnête, tout s'est mis en place et notre amour est devenu florissant. Dans le processus, j'ai réussi à fixer mon attention sur ce que Mark a de vraiment merveilleux... et Mark a tant d'aspects merveilleux.

Votre relation amoureuse ne restera pas forcément viable au-delà d'un certain temps, mais je peux vous garantir une chose : si vous faites tout votre possible pour la sauver avant de rompre, vous dormirez d'un sommeil plus paisible. Dorothy en offre un parfait exemple. Après leur séparation, son mari et elle ont essayé pendant deux ans de trouver comment faire fonctionner le couple : vacances ensemble, psychothérapie individuelle, thérapie de groupe, etc. Elle s'est réveillée un jour en « sachant » que son mariage appartenait vraiment au passé. Comme elle n'avait rien négligé pour résoudre les différends entre eux, elle n'a jamais regretté sa décision. Elle savait qu'ils ne pouvaient pas s'entendre en tant que mari et femme. Aujourd'hui, ils sont très bons amis. Ainsi, même une fin apparemment malheureuse peut se transformer en un lien vraiment splendide. En cela, leur divorce fut une fin heureuse, après tout.

Je voudrais ajouter une précision : si vous finissez par décider de partir, ne vous fustigez pas en pensant que vous vous êtes trompé de partenaire. Pour diverses raisons, la personne que vous quittez aujourd'hui était celle qu'il vous fallait à un certain moment de votre vie. Je sais que mon premier mariage ne fut pas une erreur. Il me correspondait parfaitement à l'époque. Il m'a servi à découvrir beaucoup de choses sur moi et sur la vie. En tirant les enseignements de l'expérience, nous nous apercevons que, même si la relation s'arrête, nos vies y ont gagné de beaucoup de manières. En ce sens, tout se passe à merveille.

« Susan, et si c'est mon partenaire qui me quitte ? » C'est une bonne question. Oui, apprendre de la bouche de son conjoint qu'il s'en va peut être un choc terrible. Les hommes et les femmes qui affrontent ce genre d'épreuves en ont souvent le cœur cruellement meurtri. Mais il faut savoir qu'après une période de deuil, le chagrin s'apaise. Quand le cœur s'ouvre, il est vulnérable et est facile à blesser. Mais si vous avez la certitude que vous atteindrez toujours l'autre rive, vous pourrez être « vulnérable en sécurité » parce que vous serez confiant dans votre capacité à faire face.

Vous devez aussi rejeter la mentalité de victime et, pas à pas, prendre en charge la responsabilité de vous construire une belle vie. Votre slogan doit être : « Le bonheur est la meilleure des revanches. » En gardant cette idée toujours présente à votre esprit, travaillez à améliorer l'image que vous avez de vous (une rupture initiée par l'autre porte atteinte à l'estime de soi), lancez-vous dans de nouvelles aventures et de nouvelles expériences et, au bout du compte, découvrez une nouvelle façon d'éprouver de la joie. Vous devez apprendre à lâcher prise, à pardonner et à poursuivre votre route en ne regardant en arrière que pour en tirer des enseignements. Ainsi, vous pourrez construire une belle vie.

Permettez-moi de me répéter : soyez certain, que, même si votre partenaire est parti, la relation n'a pas été une perte de temps. En tirant parti de ce qu'elle vous a appris, vous avez plus de chances de mieux vous y prendre la prochaine fois. Toutes les relations de couple sont profitables – même les pires, car elles offrent une occasion de progresser.

Un petit conseil: les signes de divergence se manifestent en général longtemps avant de devenir des problèmes. Soyez très vigilant, et si vous voyez une difficulté émerger, réglez-la dès le début. Chercher de l'aide rapidement peut sauver un couple.

Que vous soyez à l'initiative de la rupture ou que vous soyez quitté, vous allez ressentir un grand bouleversement pendant un temps. Comment ne pas éprouver un vide dans son existence et dans son cœur quand l'on perd la personne avec qui l'on partageait sa vie? Mais la construction d'une vie riche, pleine et belle comble rapidement ce vide. Rappelez-vous qu'il n'y a pas qu'une aiguille dans la proverbiale botte de foin. Après une séparation, de nombreuses occasions se présentent de retrouver l'amour. Et n'oubliez jamais que plus vous devenez aimant et plus il vous sera facile de trouver quelqu'un à aimer.

Leçons d'amour

1. Encore une fois... pas de reproches

En cas de séparation, il est tentant d'attribuer à l'autre la responsabilité de l'échec du couple ou – ce qui n'est pas mieux – de s'en accuser. Les divorces par consentement mutuel permettent de reconnaître que deux personnes peuvent décider de vivre ensemble, puis constater que la relation ne marche pas et arrêter. Si vous parvenez à ne pas blâmer l'autre, vous deviendrez capable d'ouvrir votre cœur à son humanité, et comprendrez que chacun fait ce qu'il peut. Vous découvrirez ce que vous devez améliorer en vous afin de connaître plus de succès la fois suivante. Croyez-moi, vous ne serez pas prêt à nouer une relation saine tant que vous n'aurez pas renoncé aux reproches.

2. Apprenez le secret de la séduction

Mark et moi avons vécu récemment une expérience très instructive. Nous étions invités à un grand dîner et avions la chance d'être assis à côté d'une femme ravissante, rayonnante et apparemment très sympathique. Au cours de la soirée, elle nous a raconté qu'elle venait de divorcer. Quand elle a commencé à parler de son ancien mari, elle s'est transformée. La fureur qu'elle éprouvait pour lui l'a enlaidie de façon spectaculaire !

Le fiel qu'elle exprimait nous a donné envie de changer de table !

Pour de nombreuses raisons, vous avez tout intérêt à vous occuper de votre colère. Être en colère indique que vous refusez d'assumer la responsabilité de vos choix. Assurément, la femme dont j'ai parlé n'assumait la responsabilité d'aucun de ses choix passés ! Soyez assuré que vous n'arriverez pas à attirer un membre affectivement sain du sexe opposé si votre colère ternit l'amour en vous. Donc, si vous assimilez toutes les techniques de gestion de la colère contenues dans ce livre et mes autres ouvrages, vous serez en meilleure santé, plus heureux et beaucoup plus séduisant !

Souvenez-vous : même si votre partenaire vous quitte, même s'il vous a profondément blessé, même si vous décidez de vous arracher à une situation malheureuse...

> **Vous seul avez le contrôle de vos réactions à tout ce qui se produit dans votre vie. Réagissez d'une manière qui vous donne de la force, de la sérénité et de l'amour... Et vous embellirez.**

3. Apprenez à pardonner

Il est essentiel de pardonner après une séparation. Cela peut prendre un moment, mais plus tôt vous passez l'éponge et mieux c'est... pour votre bonheur et même pour votre santé. Dans *Tremblez mais osez !*, j'ai présenté un exercice qui – je trouve – facilite beaucoup le pardon :

> Isolez-vous dans une pièce vide et débranchez le téléphone. Mettez de la musique douce. Installez-vous confortablement dans un bon fauteuil et fermez les yeux. Représentez-vous mentalement quelqu'un qui vous a fait souffrir et que vous détestez. Imaginez-le en face de vous, puis cernez votre image mentale d'une auréole de lumière blanche et apaisante. Ensuite, dites-lui que vous lui souhaitez toutes sortes de bonnes choses – tout ce qu'il peut désirer au monde. Remerciez-le pour ce qu'il vous a apporté. N'arrêtez pas l'exercice tant que vous n'aurez pas senti que vos ondes négatives vous quittent[3].

C'est un exercice difficile comme vous l'avez probablement déjà deviné. En fait, vous avez peut-être même très envie de me jeter ce livre à la tête ! Attendez-vous à avoir des crises de rage et de sanglots pendant l'exercice et à penser : « Lui souhaiter de bonnes choses ? Pas question ! Je veux qu'il souffre ! » Mais si vous persistez et recommencez plusieurs jours de suite, vous aurez la surprise d'atteindre le point où vous parvenez vraiment à pardonner. Cet exercice amène à prendre conscience que chaque être humain fait de son mieux. Vous devez renoncer à la colère et pardonner pour pouvoir entamer une nouvelle relation de couple sans porter le lourd fardeau des amours passées. Pardonner est l'une des étapes obligatoires pour arriver au but supérieur : *devenir une personne plus aimante.*

4. Faites-vous aider

Quand la vie devient vraiment difficile, la thérapie est une option toujours envisageable. Sachez qu'il y a de bons thérapeutes et de mauvais thérapeutes. Un bon thérapeute, selon moi, ne pose pas le patient en victime de son conjoint – ou de quiconque – mais lui donne l'impression d'être fort et capable d'effectuer les changements appropriés dans sa vie. Je vous déconseille de consulter un thérapeute qui encourage ses patients à porter des accusations plutôt qu'à assumer la responsabilité de leur vie. J'ai souvent vu des thérapeutes attiser la colère au lieu de guérir le cœur. En réalité, vous N'ÊTES PAS une victime impuissante à la merci des circonstances extérieures. Vous êtes capable d'apporter des solutions fortes et aimantes à tous les problèmes que vous rencontrez. Un thérapeute qui vous aide à prendre conscience de votre pouvoir intérieur est indéniablement un merveilleux thérapeute.

5. Rédigez une lettre-souvenir

Si vous êtes sûr que votre relation de couple court à l'échec, écrivez-vous une longue lettre énumérant les raisons pour lesquelles vous voulez y mettre fin. Décrivez en détail ce que vous avez ressenti quand l'autre vous a blessé. J'ai fait une lettre de ce genre avant de quitter mon premier mari, et quand, après la séparation, la solitude ou la peur prenaient le dessus, je lisais la lettre pour me remémorer les raisons de ma décision. Celle-ci m'a vraiment aidée à ne pas oublier tout ce qui était mauvais dans mon couple et m'a donné la force de construire une vie nouvelle. Les personnes qui ont suivi ma suggestion ont aussi trouvé que c'était un moyen très efficace d'aller de l'avant.

Il y a un enseignement à tirer de toute relation de couple, il y en a un à tirer de la séparation qui la conclut. La tristesse éprouvée après une rupture ne signifie pas qu'il faille revenir en arrière. Elle signifie seulement qu'un vide dans le cœur demande à être comblé. Le moment est venu de remplir sa vie de choses qui valorisent l'image que l'on a de soi. Rien ne vous vient à l'esprit ? Je vais vous donner une idée... Regardez autour de vous. Il y a tant de choses à accomplir pour rendre ce monde meilleur. Commencez par là. En apportant votre contribution au monde, vous finirez par vous sentir entier. La dépendance disparaît et la vie prend son sens. Cette position de force est un excellent atout pour construire un nouvel amour. Allez-y !

Notes

Attention : les sources d'informations mentionnées ci-dessous peuvent ne pas être disponibles au moment où vous les chercherez. Il n'est pas toujours possible de savoir quel ouvrage est épuisé ou non. Ne vous inquiétez pas ! Le monde suit des voies merveilleuses... Si un ouvrage vous manque, vous trouverez toujours autre chose pour vous aider dans votre voyage vers l'amour durable.

Chapitre 1

1. Hooks, Bell, *All About Love : New Visions*, William Morrow, 2000.

2. *www.beccascloset.org.* Becca (Rebecca Kirtman) était une merveilleuse jeune fille de 16 ans qui se souciait de ceux qui avaient moins de chance qu'elle. Pour le projet appellé *Becca's closet* (« Le Placard de Becca »), elle réunit à elle seule 250 robes de soirée pour permettre à des lycéennes qui n'en avaient pas les moyens d'assister avec élégance au bal de fin d'année de leur lycée. Après son décès, dans un accident de voiture, le 20 août 2003, ses proches poursuivirent ses rêves, créant, entre autres, une bourse universitaire.

3. Musique et paroles de Stephen Sondheim, livret de James Lapine.

4. McGraw, Dr Phillip, « Dr. Phil : the Love Survey », *in O (Oprah Magazine),* février 2004.

5. Johnson, Robert A., *We : Understanding the Psychology of Romantic Love,* Harper & Row, San Francisco, 1983.

Chapitre 2

1. Wilde, Stuart, *Miracles,* Wisdom Books, Inc., Taos, Nouveau-Mexique, 1983.

2. Jeffers, Susan, *Tremblez mais osez !,* trad. Denis Montagnon, Marabout, Hachette Livre, Paris, 1987.

3. Richo, David, *How to Be an Adult in Relationships : the Five Keys to Mindful Loving,* Shambhala Publications, Inc., Boston, Massachusetts, 2002.

Chapitre 3

1. Grayson, Henry, *Mindful Loving : 10 Practices for Creating Deeper Connections,* Gotham Books (Penguin Group), 2003.

2. *Ibid.*

Chapitre 4

1. Welwood, John, *Pour une psychologie de l'éveil : bouddhisme, psychothérapie et chemin de transformation personnelle et spirituelle,* trad. par Dominique Thomas, « Le Grand Livre du mois », Paris, 2003.

Chapitre 5

1. Viscott, David, *How to Live with Another Person,* Arbor House, New York, 1974.

2. Keyes, Ken, Jr, *Bonjour, bonheur !,* éd. Soleil, Chêne-Bourg, 1989.

3. Pour une explication plus étendue de l'exercice « La grille de la vie », voir *Tremblez mais osez !.*

Chapitre 6

1. Shain, Merle, *Hearts that We Broke Long Ago,* Bantam Books, New York, 1983.

2. Voici l'adresse de l'éditeur de cette plaisanterie sophistiquée : Newport House, 100 Via Estrada, Suite P, Laguna Hills, CA 92653.

3. Levy, Alison Rose, « Each Other's Stuff », *in Spirituality and Health,* numéro d'automne, 2000, *www.spiritualityhealth.com/newsh/items/article/item_51.html.*

4. Carnegie, Dale, *Comment se faire des amis,* trad. et adapt. Denise Geneix, Hachette, Paris, 1973.

5. Erhard, Werner, *Celebrating your Relationships* (cassette audio), Soundworks, 1985.

6. Jeffers, Susan. *Opening our Hearts to Men : Taking Charge of our Lives and Creating a Love that Works,* Judy Piatkus (Publishers), Ltd., Londres, 1989.

7. Jeffers, Susan, *Dare to Connect : How to Create Confidence, Trust and Loving Relationships,* Judy Piatkus (Publishers), Ltd., Londres, 1992.

Chapitre 7

1. Williamson, Marianne, *Cosmic Adulthood* (cassette audio), 1987.

2. Keyes, Ken, Jr, *A Conscious Person's Guide to Relationship,* Living Love Publications, Kentucky, 1979.

Chapitre 8

1. Susan Maushart cite ces mots évocateurs de Nora Ephron dans *The Mask of Motherhood,* Random House Australia Pty Ltd., NSW Australie, 1997.

2. Jeffers, Susan, *Freeing Ourselves from the Mad Myths of Parenthood : Letting Go of the Guilt and Trusting Who You Are,* Coronet Books (Hodder & Stoughton), Londres, 1999. (Intitulé à l'origine : *I'm Okay... You're a Brat.*)

3. Je décrypte l'étude dans *Freeing Ourselves from the Mad Myths of Parenthood.* Il semblerait que les enfants réussissent aussi bien, si ce n'est mieux dans certains domaines, quand plusieurs personnes s'occupent d'eux.

4. Clinton, Hillary, *Il faut tout un village pour élever un enfant,* trad. par Martine Leyris et Natalie Zimmermann, Denoël, Paris, 1996.

5. Pour en apprendre davantage sur le « cercle d'être » de l'enfant, voir *Freeing Ourselves from the Mad Myths of Parenthood.*

Chapitre 9

1. Jeffers, Susan, *Opening our Hearts to Men : Taking Charge of our Lives and Creating a Love that Works,* Judy Piatkus (Publishers), Ltd., Londres, 1989.

Chapitre 10

1. Sherven, Judith, et Sniechowski, James, *The New Intimacy : Discovering the Magic at the Heart of Your Differences,* Health Communications, Inc., 1997.

2. Weiner-Davis, Michele, *The Sex-Starved Marriage : a Couple's Guide to Boosting their Marriage Libido,* Simon & Schuster, 2003.

3. Deane, Geoff, « Life after Birth : When One and One Makes Three », in *Arena Magazine,* printemps 1994.

4. Jeffers, Susan, *Freeing Ourselves from the Mad Myths of Parenthood : Letting Go of the Guilt and Trusting Who You Are,* Coronet Books (Hodder & Stoughton), Londres, 1999.

5. *Ibid.*

6. *Ibid.*

7. Brewer, Sarah, *Intimate Relations : Living and Loving in Later Life,* Age Concern, Age Concern Books, Grande-Bretagne, 2004.

8. Margolis, Jonathan, « The Rise of the 21st Century Mrs Robinson », *in Sunday Times Magazine,* 6 juin 2004.

9. Moseley, Douglas et Naomi, *The Shadow Side of Intimate Relationships : what's Going on Between the Scenes,* North Star Publications, Massachusetts, 2000.

10. Le sex-shop de Joy et Shana s'appelle *The Rubber Tree* et se trouve au 5018 E. 2nd St., Long Beach, Ca. 90803.

Chapitre 11

1. Johnson, Robert A., *We : Understanding the Psychology of Romantic Love,* Harper & Row, San Francisco, 1983.

2. Markman, Howard, Stanley, Scott M., et Blumberg, Susan L., *Fighting for Your Relationship,* Jossey-Bass (Wiley Company), San Francisco, 2001.

3. McGraw, Dr Phillip, « Dr. Phil : the Love Survey », *In O (Oprah Magazine),* février 2004.

4. Carnegie, Dale, trad. et adapt. Denise Geneix, Hachette, Paris, 1973.

5. *Ibid.*

6. Shedd, Charlie et Mania, *How to Stay in Love,* Ace Books, New York, 1981.

Chapitre 12

1. John Welwood, *Pour une psychologie de l'éveil : bouddhisme, psychothérapie et chemin de transformation personnelle et spirituelle,* trad. par Dominique Thomas, « Le Grand Livre du mois », Paris, 2003.

2. Jeffers, Susan, *Opening our Hearts to Men : Taking Charge of our Lives and Creating a Love that Works,* Judy Piatkus (Publishers), Ltd., Londres, 1989.

3. Elliott, John, « Men Want to Wed... Women Want to Roam », in *The Sunday Times,* 21 mars 2004.

Chapitre 13

1. Williamson, Marianne, *All I Give Is Given to Myself* (cassette audio).

2. *In* « True Feminists Only Want Equality », par Keira Wagner, *www.ryunlv.com.* Cliquez sur « Archives », puis « Monday, September 16, 2002 ».

3. Williamson, Marianne, *Intensive : Men and Women #2* (cassette audio).

Conclusion

1. Jeffers, Susan, *La Vie à bras-le-corps,* trad. Dominique Darbois-Clous, Marabout, Hachette Livre, Paris, 2004.

Addenda

1. Jeffers, Susan, *Opening our Hearts to Men : Taking Charge of our Lives and Creating a Love that Works,* Judy Piatkus (Publishers), Ltd., Londres 1989.

2. Pour en apprendre davantage sur Al-Anon : *www.al-anon.* Des réunions sont organisées dans 115 pays.

3. Jeffers, Susan, *Tremblez mais osez !,* trad. Denis Montagnon, Marabout, Hachette Livre, Paris, 1987.

IMPRIMÉ EN ALLEMAGNE PAR GGP MEDIA GMBH

pour le compte des
Nouvelles Éditions Marabout
D.L. avril 2009
ISBN : 978-2-501-05289-4
40.8871.2/02